NATIONAL
GEOGRAPHIC

美国国家地理全球史

中世纪的终结

The End of the Middle Ages

美国国家地理学会 编著 储春花 译

中国出版集团 现代出版社

目 录

概述 …… 11

崭新的历史阶段 …… 13

档案：中世纪的朝圣 …… 44

艰难时期 …… 55

档案：黑死病灾害 …… 83

经济危机和起义 …… 93

征服与改革 …… 121

政治的力量 …… 151

档案：汉萨同盟 …… 175

新纪元 …… 185

档案：意大利城市模式 …… 212

附录 …… 223

1450年左右的欧洲 …… 224

对照年表：欧洲、亚洲、非洲和美洲 …… 226

王朝列表 …… 228

插图（第2页） 总领天神弥额尔，正义女神三联画细部图，雅各布洛·德尔·菲奥雷作品（1421，威尼斯，学院美术馆）。

插图（第4—5页） 建于14世纪的艾奈·勒·维尔城堡（位于法国中部地区谢尔省）。

插图（左侧） 格洛斯特大教堂的回廊，由来自剑桥的一位名叫托马斯的设计师于1351—1377年所建。

概 述

中世纪晚期，又称中世纪后期，指的是欧洲 14 世纪至 15 世纪这段时期。在此期间，欧洲经历了重重危机。由于人口减少，特别是 1348 年席卷欧洲的黑死病导致人口锐减，农业陷入危机；再者，大型银行倒闭和贸易资金短缺又导致金融市场动荡不安。在这双重因素影响下，经济发展困难重重。1337 年至 1453 年，英法百年战争对国家制度组织产生了深远的影响。农村成为内乱或起义的舞台，诸如法国的札克雷暴动，英国的罗拉德教派运动，或是因赋税增加而爆发的社会冲突，抑或是雇佣军打家劫舍纷纷在农村上演。抗议运动盛行，城市也未能幸免。譬如在佛罗伦萨，最低微的纺织工人，即梳毛工（意大利语：Ciompi）纷纷走上街头，反对引进新织机，因为机器会让他们中许多人丢掉工作。中世纪晚期危机也波及中欧、东欧甚至拜占庭帝国。当时，拜占庭帝国正遭遇奥斯曼土耳其的大肆进攻（尼科波利斯战役）。然而，中世纪晚期危机也带来了一些积极改变：国家机器得到强化，王权日益强大，军队建设迈向专业化。依靠世俗骑士团来控制美利奴羊毛、棉花和明矾等纺织业原材料的供应，国际贸易网络得以发展壮大。与此同时，得益于德国南部新发现的银矿，金融业获得新的发展动力，各大重要港口纷纷开办造船厂。兴建战舰和重型商船也促进了大西洋的海上交通和贸易往来。在艺术和文化领域，勃艮第哥特式风格的兴盛随着经济、社会和政治全面复兴一起发展到顶峰。哥特式最初只是一种适用在建筑、绘画、雕塑、金饰和音乐上的新概念，最终传播到欧洲的每个角落。但意大利中部并没有受到哥特式风格的影响，由于佛罗伦萨美第奇家族对创造的推动，文艺复兴思潮已在这里蔚然成风。

插图（第8—9页） 圣血祭坛装饰屏细部图，由蒂尔曼·雷姆施奈德于1501年创作，具有从哥特式向文艺复兴风格过渡的特征（圣沃尔夫冈教堂，巴伐利亚罗藤堡）。

插图（左侧） 《天使报喜三联画》细部图（马德里普拉多博物馆），由弗拉芒画家罗伯特·坎平于1425年至1428年绘制。

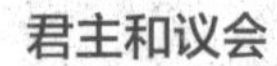

君主和议会

13 世纪末，爱德华一世国王和名流显贵主持英国议会。

插图（右侧） 波兰国王卡齐米日大帝的王冠（克拉科夫博物馆）。

longtain voyage: quil souffira de porter seulemet vng
las de soye a vng ymage de sainct george pendat a icellui
Aussi se ledit colier dor avoit besoing de reparacion il pora
estre mis en la main de louurier iusques a ce quil soit
repare. Lequel colier aussi ne pourra estre enrichy de
pierres ou daultres choses reserue led ymage qui pourra
estre garny au plaisir du chevalier. Et aussi ne pourra
estre ledit colier vendu engaige donne ne aliene pour
necessite ou cause quelconque que ce soit
Alexander Rex
Scotor
Lewellin
princeps
Wallie

崭新的历史阶段

13 世纪末到 14 世纪初，欧洲经历了经济、社会和政治的深刻变革。其间，虽然面临的王位继承纠纷接连不断，欧洲王国仍旧成功地巩固了王权，加强了统治。法兰西国王美男子腓力四世和罗马教廷间的冲突改变了当时的外交关系，打破了权力平衡。

1291 年至 1327 年，欧洲的国家组织发生了深刻变化。意大利城市商业活动繁荣，社会更加开放，为了适应这一情况和维护经济社会稳定，国家组织得以加强。因此，国家注重税收和货币改革，譬如美男子腓力四世决定发行币值稳定的金币；将知名人士纳入国家公务员系统；颁布新法令鼓励商业加快发展。这一系列变化促进了欧洲主要大国间外交关系的变化。

曾经主宰中世纪欧洲的罗马教廷和神圣帝国，为了捍卫各自对于拉丁基督教的霸权，互相争斗了数十年，声望和权威一落千丈。起初，也就是 13 世纪末，二者都在国家或个人冲突中扮演传统的仲裁者角色，但它们逐渐丧失信心，影响力也日渐式微。

罗马教廷没能一直完全证明教权高于世俗王权的合法性，甚至也没能像英格兰、西西里岛或阿拉贡的统治家族那样巩固它与某些欧洲王国间的特殊联系。至于神圣帝国，它的权威经常受到质疑，一些处于其文化影响范围内的小国正逐渐摆脱它的控制，出现在国际政治舞台上。

公共生活

在罗马教皇和神圣帝国丧失影响力的时候，欧洲王国却通过复兴罗马法和重视法学家走向繁荣，进一步巩固了王权和行政机构。这些国家建立了君主制度和集中管理机构，例如掌玺大臣公署或议会。“附庸”这一概念被舍弃，由“臣民”这一概念取而代之。过去大家都密切关注私人领域，现在的这些发展与过去相比则表明，公共领域获得的重视程度越来越高。

公共生活这一新概念是当时的一个主要现象，它既影响了新国家协商机构的定义，也影响了村庄、行业、修道院、隐修院和军队的运作。因此，在 13 世纪末和 14 世纪初，欧洲人通过公共视角感知存在。个人成为各种忠诚、特权和亲密关系游戏里不可分割的一部分，这一游戏建立在行业政治生活概念之上，保证了公民社会组织的稳定性。

社会根据不同的现实情况分解成各式各样的集体，一个由权威、特权和群体组成的复杂网络由此形成。尽管它们彼此迥然不同，但都具有公认的同一特征：集体。由于政治团体发挥作用，所以不仅要考虑个人间的权利关系，还需考虑规定法律规范的君主和其所有臣民之间的权利关系。

对罗马法进行重新解释为重新定义国家角色提供了概念工具，从而振兴了欧洲司法文化。意大利罗马法法学家巴托鲁斯（1313—1357）是中世纪法学家的杰出化身，他曾在佩鲁贾大学任教并给后人留下重要成果。甚至多年来，皇帝、君主或市长都习惯在做决定前咨询律师、公证人和其他法律顾问。

国王还必须建立相关机构来实现国家管理。议会由不同社会阶层的代表构成，其作用变得至关重要。不同国家的议会在名字、数量、组成和开会频率上有所差别，但却有着共同的目标：在君主和不同的社会群体代表之间建立对话。而这些群体则依据所属的三个等级：贵族、神职人员和有产者为主的“平民”进行划分。

14 世纪至 15 世纪，公共权力组织遍布欧洲，许多旨在让国家机器合理化的其他机构和公职，如总理府、财政部、监督机构也得到发展。

英格兰国王爱德华一世

亨利三世的长子爱德华一世是这一时期君主实行中央集权的典范。在位 35 年（1272—1307）里，他为巩固国家结构和改革君主政体运行做出了巨大贡献。

为了实现这些目标，爱德华一世采取了各种措施，包括《百户区卷档》[1] 调查，来恢复王室特权，强化国家对人民的控制，并确认王室司法权凌驾于贵族和神权之上。因此，1285 年《温彻斯特法令》确立了由国王军官直接管辖的征兵制度。同时，经过深刻的组织和职能改革，议会也成为英国政治生活的主要机构。

在位期间，爱德华一世十分关注国家边境，坚决支持在威尔士和苏格兰实行扩张主义政策。此前，爱德华一世的父亲亨利三世曾于 1267 年与卢埃林・埃普・格鲁福德缔结《蒙哥马利条约》，承认后者威尔士亲王地位。爱德华一世与卢埃林・埃普・格鲁福德在威尔士爆发冲突，两大事件加快了二人之间的对抗，加剧了紧张局势：其一，1274 年威尔士亲王的弟弟达菲德与爱德华一世结盟。其二，卢埃林与亨利三世的劲敌，即第五代莱切斯特伯爵西蒙・德・蒙德福特的女儿埃莉诺结婚。

英格兰和威尔士间的战争始于 1276 年。次年 7 月，英格兰派遣大军入侵威尔士，而且军中大部分都是威尔士人。由于卢埃林获得的支持有限，爱德华一世的进攻几乎没有遭到任何抵抗。双方于同年签订《阿伯康威条约》，规定卢埃林王国统治地区仅限于格温德（今威尔士西北部），但双方关系依旧紧张。1280 年至 1290

[1]《百户区卷档》是英格兰国王爱德华一世于 1274 年至 1275 年派王室专员调查大封建主是否篡行王室特权后所作的记录卷档。——译者注

英格兰国家的崛起

闻名遐迩的威斯敏斯特宫将修道院和皇宫融为一体，其中始建于1097年的威斯敏斯特大厅是最古老的建筑之一，也是它促使威斯敏斯特成为英格兰王国的官方中心。过去曾用于法庭和议会运作。1476年，英国第一家印刷厂在修道院举行落成仪式。

年，反抗英格兰国王的民众起义数不胜数，但均遭到残酷镇压。直到1284年颁布《卢德兰法令》后，威尔士公国才正式并入英格兰，英格兰的法律法规开始在这片土地上实施。

苏格兰独立战争

至于苏格兰，它是爱德华一世军事行动的主要目标。1286年，苏格兰国王亚历山大三世离世，没有留下男性继承人，这就为英格兰君主干预苏格兰内政提供了完美借口。在巧妙的政治运作下，爱德华一世担任了已故苏格兰国王的孙女——玛格丽特一世的利益保护人。但当

巴托鲁斯和中世纪法学

14世纪的意大利，有三个人对民法领域产生重要影响，他们分别是奇诺·达·皮斯托亚、巴托鲁斯和巴尔杜斯。巴托鲁斯在佩鲁贾法学院曾师从奇诺·达·皮斯托亚，他也是巴尔杜斯的老师。巴托鲁斯学说是对欧洲实在法影响最大的学说。

巴托鲁斯（1313—1357）在短暂的一生中撰写了大量的论文和著作。作为一位才华横溢的法学家，他对《民法大学》进行注释（除《法学阶梯》之外的整个民商法典），并撰写了诸如《论河流》（拉丁语：*De fluminibus*）（或《提比里亚》，拉丁语：*Tyberiadis*）之类的专论专门讨论河流法规。他提出的法律概念被纳入民法和商法实践。但他思想的现代性主要在于对国家概念的解释：他将国家视为法律主体和由普遍司法管辖权构成的组织。在巴托鲁斯看来，一方面城邦本身就是统治者（拉丁语：Civitas sibi princeps），另一方面，城邦权威无法凌驾于民众同意之上。统治权属于城市的自由公民，他们赋予议会立法权，并通过议会表达自己的意见并付诸行动。这种受意大利独立城市共和国的政治现实启发的人民主权理论，使巴托鲁斯成为现代议会制国家的先驱。

插图　巴托鲁斯肖像，贝奈戴托·克雷斯皮绘于16世纪（盎博罗削图书馆，米兰）。

苏格兰独立战争

1295—1296年

第一次冲突 苏格兰拒绝在军事上为英格兰服务，爱德华一世派兵攻打苏格兰。

1297年

斯特林桥战役 苏格兰人在威廉·华莱士的带领下战胜英国军队。

1298—1305年

英格兰的报复 英格兰国王配备了一支武力更强的军队，摧毁了苏格兰几座城池并在1305年处决了威廉·华莱士。

1306年

英军出师不利 爱德华一世率领大军与苏格兰国王罗伯特·布鲁斯对抗，但在卡莱尔死于痢疾。

1308年

爱德华二世进攻 英格兰新国王爱德华二世率军远征苏格兰，但输得一败涂地。

1314年

班诺克本战役 布鲁斯获胜，确保了苏格兰在之后几个世纪的独立性。

苏格兰守护者对抗英国

从 1290 年到 1314 年，要么是因为国王被监禁，要么是因为王位空缺无人继承，苏格兰一直都没有君主。当时苏格兰的摄政王拥有苏格兰守护者这一头衔。

一直以来，苏格兰国王们只承认英格兰在洛锡安地区的主权，爱丁堡是该地区首府。但对于英格兰来说，不列颠岛是一个整体，是由传说中特洛伊的布鲁图斯建立的王国，英国的国王们也是一脉相传。按照这个传说，苏格兰国王只是英格兰君主的一个臣民，只有在后者同意时，才能统治苏格兰。苏格兰人发动独立战争，形势所迫与法国国王结盟。1305年，第九任“苏格兰守护者”威廉·华莱士惨被绞死，但这并没有阻止后来罗伯特一世（1306—1329年在位）统治苏格兰。1314年6月23日，这位最著名的苏格兰守护者在班诺克本平原击败英格兰，巩固了苏格兰的独立，直到18世纪初局面才被打破。

插图 斯特林城堡，苏格兰独立战争场所。

时这位年轻公主身处挪威王宫，并在能声明自己有继承权之前便已早早离世了。

对于爱德华一世来说，新机会在 1291 年出现了。当时，为了在罗伯特·布鲁斯和约翰·巴里奥两位王位候选人中选择继承者，苏格兰皇家委员会征求他的意见。一开始，在二者之间，爱德华一世认为巴里奥更容易操纵摆布，便选择支持他，因为布鲁斯家族有支持苏格兰独立的倾向，它和苏格兰高地氏族亲近，那里曾是许多抵抗运动的摇篮。

约翰·巴里奥在爱德华一世的庇护下登上王位，但他在即位后的行为却让爱德华一世失望不已。于是

在1295年，爱德华一世决定亲自干预苏格兰事务并征服苏格兰。这一次，他证明“残忍的爱德华”这一称号并非浪得虚名。在苏格兰国王约翰·巴里奥被俘并囚于伦敦塔后，两国冲突呈现出新的发展态势。事实上，1297年5月，威廉·华莱士刺杀英国拉纳克高级警长威廉·赫塞尔里格，为苏格兰独立战争拉开了序幕。

成为法外之徒后[2]，华莱士领导苏格兰人民反抗英格兰。他引导民众的不满和高地氏族的反叛精神，为公开与英格兰入侵军队作战铺平了道路。

战士家族

第七代安南达尔领主罗伯特·布鲁斯，即苏格兰国王罗伯特一世的印章，他是当年最著名的军事首领之一（法国国家档案馆历史中心，巴黎）。

[2] 法外之徒，又称亡命之徒，指被宣称不在法律保护范围内，以及被剥夺公民权的罪犯或逃犯，这一审判是英国法院系统内最严厉的惩罚之一。——译者注

为了打败英格兰皇家军队，华莱士与苏格兰那些不畏爱德华一世的贵族结成联盟。1297 年 9 月 11 日斯特林桥战役爆发，苏格兰人在威廉·华莱士和安德鲁·莫瑞的指挥下以少胜多，击败了英国一支骑兵分遣队。获胜后，苏格兰以被废黜国王约翰·巴里奥的名义授予威廉·华莱士“苏格兰守护者”头衔。

斯特林桥战役战败后，爱德华一世对征服苏格兰的军事战略进行了全面彻底的思考。他从上调税收做起，以此来增加财政收入，并将还在与法国卡佩王朝最后几任国王作战的重骑兵派往苏格兰。1298 年，爱德华一世指挥英军在福尔柯克会战中获胜，双方冲突由此暂停数年。

由于苏格兰贵族的背叛，威廉·华莱士失去了“苏格兰守护者”头衔，从政坛上消失。在法国待了几年后，他再次回到苏格兰。1305 年，一位苏格兰贵族——爱德华一世的拥趸，将他献给英军。华莱士以叛国罪名受审，遭受酷刑折磨后被公开处决，遗体被肢解并扔在英格兰各地。但华莱士死后，苏格兰人从未放弃独立的愿望，英国在苏格兰的统治遭到抵抗。

苏格兰独立事业新的捍卫者罗伯特·布鲁斯出现了，他接过抗英斗争的火炬。他的祖父曾是 1291 年苏格兰王位候选人，他与祖父同名，于 1306 年加冕为苏格兰国王。爱德华一世去世后，其子爱德华二世继承了英格兰王位。面对苏格兰要求独立的企图，爱德华二世在政务处理上不够老练。罗伯特·布鲁斯和支持他的苏格兰贵族趁此机会乘势而上，于 1314 年在班诺克本平原大战中大获全胜。

苏格兰独立地位因此得到巩固。后来，双方于 1328 年签订《北安普敦条约》，承认苏格兰王国的独立主权。第一次苏格兰独立战争的结束并没有打消英格兰征服苏格兰的意图，英格兰继续密切关注苏格兰，等待新的君主来完成爱德华一世未竟的事业。

经济波动

经济革命催生下的欧洲社会是一个全新的世界。11 世纪至 12 世纪，商业网络出现，并在之后得到不断强化。尽管当时欧洲经济仍然与土地和土地耕作密切相关，但投资政策的变化、贸易的深化并向其他地区（近东和远东）的扩张为欧洲经济打开了新视野和新前景。然而，在这个不断变化的世界里，农民仍处在黑暗之中，并没有享受到新事物带来的好处。

13 世纪末，城市广场上新出现的机械钟是揭示劳动和利润概念发生变化的一个显著标志。曾经主宰时间的乡村时间让位于城镇时间，前者随季节变化调整，后者则是严格地按照工作和商业周期调节，工作和商业占据了公共生活的首位。

12 世纪至 13 世纪之交，地中海和北海、波罗的海两大海域成为货物和商品转运中心。事实上，欧洲也在这时候重点转向控制这两大海域，发展这里的商业。商业路线和贸易流通的组织和控制能够保证货物的安全和自由流动，是行业和商会的优先事项之一。

竞争之下，批发商和商人为了巩固利润纷纷改进记账工具、加强商业网络，手段比起之前更加完善。商人形象的演变很好地说明了这种变化。时代已经不属于那些野心勃勃、把做生意当成冒险、寻找高利润高风险的产品或买卖的巡回商人。

这些更多凭直觉行事的商人被新一代的商人取而代之。他们审慎精明、足智多谋，坐在办公室里管理公司，做着租赁或贷款的交易，手持账本，一丝不苟，把赌注押在自身的文化修养和可以收集的信息上——因为他们会阅读、会写作、会计算，并且对政治感兴趣——以便在日益激烈的竞争中脱颖而出。

在意大利城邦，尤其是佛罗伦萨和威尼斯的推动下，金本位制在几十年前得以回归，这给欧洲经济带来了新的挑战。欧洲经济更加依赖金融资本，因而也在此时面临着经济活动以市场为导向波动的风险。

商品交换的范围越来越广，不再仅仅局限于本地。在这样的经济环境下，人们对农业生产的混乱担忧不已，而且在随后的几十年情况未曾得到缓解。事实上，耕地的生产能力有限，而城市人口不断增长、需求不断扩大，这两者之间的显著差距导致在给城市提供农业原材料方面出现严重困难。

商人和公证人：商业活动和合同

自 1115 年起，伦敦、维尔茨堡、克雷莫纳、热那亚、巴塞罗那和圣奥梅尔等城市就已经制定并实施了第一批关于流动贸易活动的法规。在 14 世纪至 15 世纪，商人和行业一样，均获得了经济权力和政治权力。商业资产阶级和金融资本主义正是在这一时期出现。

13世纪末的英国和法国，为了规范和保护商业活动，人们成立商业行会。英国国王爱德华一世的《商人宪章》（古英语：*Carta Mercatoria*）将“国王市民”的身份拓展至外国商人，从而保证了他们的贸易自由。陆路变得更加安全，并与海上交通齐头并进共同发展。大批发商不再去市场进行买卖，而是将其委托给旅行商，双方则通过订单合同互相合作或约束。这种订单合同最初在意大利主要港口出现，然后在欧洲广泛传播。根据合同，出资者通常提供资金，有时是实物，其合作伙伴则负责运输。根据签订的合伙契约（拉丁语：societas），批发商提供三分之二的资金，承运人提供剩下的三分之一资金和运输服务。损失按比例分摊，收益平分。这些合同或契约则委托给律师或公证人起草，他们像公职人员一样将其登记在册。随着商业结算的增加，律师和公证人的数量也越来越多。

插图　公证人事务所，14世纪的缩影（佩鲁贾教务会图书馆）。

阿方索十世逝世后的卡斯蒂利亚

1284 年 4 月 4 日，卡斯蒂利亚王国国王阿方索十世在塞维利亚去世。他生前雄心受挫、经历了种种不如意，他死后更是影响着王室的未来[3]。他的父亲费尔南多三世性情强悍，和他的性格截然不同，在位期间最大的成就便是收复了伊比利亚半岛的穆

[3] 阿方索十世原属意自己的孙子，即长子斐迪南王子的儿子继承王位。但在 1282 年内战爆发后，他被迫接受桑乔为其继任者。但 1284 年在他逝世前，只留下一份排除桑乔继承的遗嘱，因而再次引发内战。——译者注

❶ **行业** 在13世纪，职业性社团将同行业的商人集合在一起。它们实行集体垄断，严格规范竞争。它们不仅控制了许可，还控制了制造、商品营销和质量、学徒制、工资和工作条件。在它们的领导下，师傅们在满师学徒或普通学徒中享有权威。

❷ **公证人** 在中世纪初期，只需宣誓就能证明文件可靠，这些文件通常供行政部门使用，甚至可在法庭上作为证据。公证人的职业自13世纪起获得发展。这样的一位法律工作者在他的登记册中记录了客户（通常是商人、金融家或他们的合伙人）的合同和行为。起源于古罗马时期的公证人，其职能在中世纪末期显著扩大。

❸ **客户需求** 各式各样的合同以及与风险、利润和损失分摊有关的法律条款需要起草详细的文书。除了出资者和旅行商、公共誊写员或公证人、民商法专家之间的协议外，还制定了创办商业协会所需文件。公证人还会在公证文书原本存底簿记录并保存汇票、期票和信用证。

斯林国家政权。阿方索十世继承王位后，不得不艰难地统治他父亲留给他的王国。

费尔南多三世（1217—1252 年在位）于 1236 年和 1248 年先后攻占科尔多瓦和塞维利亚，通过征服瓜达尔基维尔河谷这两个王国，将分散的、无组织的王国统一起来，并遗赠其长子。在这些王国里，高级贵族和军事修会的影响力越来越大。阿方索十世（1252—1284 年在位）试图将这些王国转变为有组织的国家，限制贵族的权力。虽然卡斯蒂利亚王

斐迪南王子的发饰

此物件原主人为斐迪南，他是国王阿方索十世之子，也是卡斯蒂利亚王位的继承人。他未满 20 岁便去世，未能继任父亲王位。这件物品现存于布尔戈斯拉斯乌埃尔加斯修道院。

国国王放慢了领土扩张的步伐，但被征服领土的人口安置、新的权力平衡、文化影响以及对卡斯蒂利亚今后政治理论的更新带来了可预见的后果，这都是他必须要承担的。

阿方索十世所采取的措施强化了国家在公共生活中的存在感。诸如《皇家宪章》或《七章法典》等法律文本改变了王权的法律基础。可以预见的是，贵族和一些特权受到威胁的城市会反对这些变化。1272 年，大批贵族反抗君主。阿方索十世的长子，即王子斐迪南·德·拉塞尔达出面调解，成功地安抚了贵族们的情绪。但几年后，王子逝世再次引发王位继承纷争，以及关于君主角色的争论。

阿方索十世实施的改革正是王位继承合法性争议的核心。事实上，传统法律规定，如果长子去世，次子继位，这样的情况下就是桑乔王子成为国王。但是阿方索十世在《七章法典》里修改了继位顺序：继承权从此落到长子儿子身上。很显然，大家达成了一致意见，但桑乔王子反对建立哈恩王国并封给他的侄子阿方索·德·拉塞尔达——斐迪南·德·拉塞尔达之子，即阿方索十世的孙子。这场王朝冲突持续了数十年，法国和阿拉贡也纷纷卷入其中。

在大部分卡斯蒂利亚贵族的支持下，桑乔王子武装反抗他的父亲阿方索十世，后者于 1284 年在战争中丧生。继位之争愈演愈烈。桑乔四世违背父亲的遗愿，自称为王。尽管阿方索·德·拉塞尔达王子在法律上是合法继承人，但自 1277 年以来，他就一直处于阿拉贡国王的保护之下。为了维护其外交政策的利益，阿拉贡国王坦率的阿方索三世支持德·拉塞尔达两位王子的主张，并于 1288 年为兄弟二人中的兄长加冕为卡斯蒂利亚和莱昂国王，史称无权继承者阿方索。

时间流逝抑或君主更替都无法解决卡斯蒂利亚的王位纠纷。继承纷争在桑乔四世和阿方索三世[4]的继任者之间延续下来。更重要的是，贵族不服从统治，王位又出现新的觊觎者，如桑乔四世的兄弟卡斯蒂利亚的胡安（又称为“塔里法的”），卡斯蒂利亚政局不稳。桑乔四世儿子费尔南多四世在未成年时，自封为莱昂、塞维利亚和加利西亚国王，并承认阿方索·德·拉塞尔达为卡斯蒂利亚国王。

[4] 阿方索三世（1265—1291），被称为坦率的阿方索，是阿拉贡国王及巴塞罗那伯爵（1285—1291）。——译者注

直到1304年，争端才得以解决。8月8日，在萨拉戈萨省托雷利亚斯，卡斯蒂利亚、阿拉贡和葡萄牙三国王室的代表们就瓜分穆尔西亚王国——卡斯蒂利亚和阿拉贡争端的对象，和德·拉塞尔达王子们的诉求达成协议。德·拉塞尔达王子们放弃卡斯蒂利亚和莱昂王位，并承认费尔南多四世的王权。作为交换，国王授予他们封地和年金。这项被称为《托雷利亚斯仲裁裁决》的协议结束了近30年的冲突和叛乱，它极大地削弱了卡斯蒂利亚在欧洲政治舞台上的地位。

葡萄牙国王迪尼斯一世

迪尼斯一世（又称多姆·迪尼斯）于1279年继承葡萄牙王位，是葡萄牙国王阿丰索三世（1248—1279年在位）和第二任妻子卡斯蒂利亚的比阿特丽斯的长子。他在位期间，收复失地运动成为往事：因为他的父亲在1249年占领法鲁，暂时结束了在穆斯林领土上的军事行动。除了与卡斯蒂利亚王国的短暂纠纷和最后几年的继承纷争外，葡萄牙国王迪尼斯一世统治时间长（1279—1325），以稳定著称。

迪尼斯一世和同时代的其他君主没什么不同，但他的统治政策让他脱颖而出，以至被视为改革派君主的典范。他强化了国家组织和君主地位，被视为维护国家稳定的真正担保人。他在立法方面的政策方针为葡萄牙民法和刑法奠定了基础，在领土管理方面也促进了城市和众多城堡的兴建。

迪尼斯一世意识到欧洲经济复兴的重要性，于是便着手进行重大的土地改革，这也为他赢得“耕耘者迪尼斯”的绰号。出于同样的考虑，迪尼斯一世努力将葡萄牙融入财富创造者——新的欧洲商业网络当中。他签署了第一份葡萄牙商业协议，创建海军（任命热那亚移民为海军指挥官），并建立众多地方市场。所有这些举措都反映了他为让葡萄牙王国适应新的经济现实而殚精竭虑。

作为卡斯蒂利亚王国国王智者阿方索十世当之无愧的外孙，迪尼斯认为文化有助于巩固王权。因此，他创办了科英布拉大学，将里斯本打造成重要的文化中心，并将文学作为一种政治工具。和他的外祖父一样，他也是位文人：他促进了坎蒂加这种用加利西亚-葡萄牙语演唱的诗歌形式的发展，其所著的坎蒂加中有137首留

伊比利亚半岛的继承战争

12 世纪至 14 世纪，欧洲各国的国家统治得到巩固加强。但它们全都面临着王位继承纠纷，这引发了国家内战和欧洲各国间混战。伊比利亚半岛的这些王国也不例外。

1275年，在其长兄斐迪南·德·拉塞尔达死后，卡斯蒂利亚国王阿方索十世的次子桑乔与父亲开战。阿方索十世颁布的《七章法典》规定：如果王位继承人去世，其长子继位。1350年，阿方索十一世去世后，其子卡斯蒂利亚的佩德罗一世和特拉斯塔马拉的恩里克二世之间也爆发了新的王朝继承之争。随着兰开斯特公爵冈特的约翰为其妻子，也就是佩德罗一世的女儿争夺王位，这场王朝继承战争还在继续。直到1388年，他们的女儿凯瑟琳与王储恩里克三世的婚姻才结束了这场继承之争。巴塞罗那伯爵拉蒙德·贝伦格尔与阿拉贡的拉米罗二世的女儿佩特罗尼拉联姻（1137年）也是继承斗争的导火索。他们的长子阿方索二世，身为巴塞罗那伯爵和阿拉贡国王，反对卡斯蒂利亚对半岛其他地区的霸权主张。直到卡斯蒂利亚王国与阿拉贡王国合并以及天主教君主制的诞生，这场继承战争才结束。

插图 斐迪南·德·拉塞尔达的石棺（拉斯乌埃尔加斯修道院，布尔戈斯）。

迪尼斯一世（第 27 页）

在长达半个世纪的统治期间，葡萄牙国王迪尼斯一世与罗马和解，并于 1297 年与卡斯蒂利亚的费尔南多四世签署了《奥卡尼塞许条约》，从而结束了塞尔帕和莫拉两个地区的领土争端，确定了两国边界。右侧：多姆·迪尼斯回廊（或沉默回廊），位于阿尔科巴萨修道院，建于迪尼斯一世统治时期。

存至今。

在迪尼斯一世的长期统治和改革之下，葡萄牙成为伊比利亚半岛上一个重要王国。不同的社会群体开始有归属同一社群之感，这也加强了王国的凝聚力。与其邻国相比，葡萄牙独立地位得到公认，这或许是由于在葡萄牙建立了与卡斯蒂利亚圣地亚哥骑士团完全不同的骑士团分支，抑或是由于对圣殿骑士团以及它在葡萄牙继任的基督骑士团[5]的保护。

[5] 腓力四世消灭圣殿骑士团后，圣殿骑士团在葡萄牙的组织改名为基督骑士团继续存在。——译者注

阿卡陷落后的塞浦路斯王国

继1291年阿卡陷落后，叙利亚北部其他十字军要塞也在随后的几个月里先后陷落，塞浦路斯王国成为充满希望的国度，未来收复圣地的起点。叙利亚躲过马穆鲁克苏丹国的占领，难民成群结队地从这里所有十字军据点来到利马索尔和法马古斯塔的港口。

成功出逃的热那亚公证人兰贝托·迪·桑布塞托是这场逃难的见证人。他在法马古斯塔的热那亚街区安顿下来，商行（意大利语：fondaco）就在此地。作为公证人，他的职业特点就是细致，他细心地记录了与难民们的交易。这些难民大部分来自阿卡城，找他也是为了当掉逃难时随身携带的珠宝或其他东西。对于一些人来说，典当贷款是离开法马古斯塔或利马索尔前往威尼斯、墨西拿、那不勒斯、热那亚、纳博讷或巴塞罗那等欧洲城市的唯一途径。但大多数新来的人更愿意留在岛上，他们对医院骑士团和塞浦路斯王室的实力充满信心。

尽管兰贝托·迪·桑布塞托非常细心，但这些难民难以计数，以至于他在登记簿里给他们冠以同一个姓氏“来自阿卡”。就这样，难民的籍贯地变成了一个普通的姓氏，而圣·让·阿卡也仅仅变成了回忆。随着时光流逝，这种做法越来越普遍，许多移民用他们老家或原籍的名字作为自己的姓氏。

塞浦路斯国王亨利·德·卢西坦，伊贝林的伊莎贝尔和塞浦路斯的于格三世之子，曾是耶路撒冷王国的统治者。在阿卡陷落后，他继续要求恢复他在耶路撒冷王国的权利。他拒绝退位，试图夺回叙利亚海岸的要塞，但徒劳无功。而在塞浦路斯，他的兄弟们要求继承王位，而且相比之下，他的兄弟们无疑更有能力承担起参战政府的责任。尽管有母亲（一位有影响力的女性）的鼎力相助，但他还是在一场宫廷阴谋中被推翻，并被流放到小亚美尼亚数年。菲利普·德·梅济耶尔在《旧日之歌》（1389年）中描述了亨利二世被废黜并返回塞浦路斯的经过。这部具有14世纪特色的怀旧宫廷作品讲述了塞浦路斯王国的过去和梦想。

其他定居在塞浦路斯的热那亚公证人也一样细致地对难民作了连续翔实的记载，并记录了14世纪20年代最显著的现象：北半球平均气温下降了3度左右。在

塞浦路斯王国

塞浦路斯王国于 1194 年由吕西尼昂的艾默里二世建立，它是基督教耶路撒冷王国的后卫，后者于 1170 年由其弟居伊建立，并在 1187 年被萨拉丁征服，只拥有阿卡城堡的主权，最终于 1291 年灭亡，而塞浦路斯王国直到 1489 年灭亡。

插图 法国王子们于 14 世纪建造的阿莫霍斯托斯的圣尼古拉主教座堂。

塞浦路斯，气候变冷引发了暴雨和洪水，摧毁了庄稼、道路、桥梁、城镇和整个村庄。历史学家塞莱昂斯 · 马查拉斯（15 世纪）在他的《编年史》中用戏剧性的语言描述了这些自然灾害，尤其是尼科西亚的洪水。一些街道被洪水淹没，水深达 6 米，大家不得不在地势较高的圣索菲亚大教堂和大主教宫避难。

但得益于优质的农业生产，塞浦路斯依旧繁荣昌盛。拉纳卡地区遍地盐田，岛上的山丘上长满了橄榄树、柠檬树、橘子树和葡萄树。对塞浦路斯来说，甘蔗贸易也同样重要，它将纯糖的味道引入西方，取代了蜂蜜和水果。

塞莱昂斯 · 马查拉斯还讲述了塞浦路斯约翰二世统治期间，塞浦路斯农奴起义反抗法国君主的这段历史。镇压这场叛乱花了将近 6 个月的时间。

1285 年，法国是欧洲实力最强的王国，当时恰逢圣路易（1226—1270 年在位）

梅济耶尔，塞浦路斯王国和耶路撒冷王国掌玺大臣

菲利普·德·梅济耶尔是战士、作家、权贵政要、红衣主教和拜占庭主教的传记作者和十字军东征的伟大传教士，是一个标志着他那个时代精神的人物。

菲利普·德·梅济耶尔（1327—1405），生于皮卡第，师从亚眠的僧侣，后来先后成为伦巴第大区的一名士兵和卡拉布里亚公爵的卫队一员。罗马教皇克雷芒六世下令对奥斯曼帝国进行报复，他在其中一次任务中赢得了第一份荣誉。之后，他重返耶路撒冷，并于1347年定居在塞浦路斯。1358年，塞浦路斯和耶路撒冷国王彼得一世任命他为两国掌玺大臣。其作品有《旧日之歌》《圣·彼得·托马斯的生活》和《致理查国王信》，以及两部宗教论文《死亡时刻的沉思》和《罪人的独白》。他是1365年亚历山大里亚十字军捍卫者，是塞浦路斯与萨拉森人作战[6]的勇士，因此招来了教皇乌尔巴诺五世的谴责，后者希望与苏丹和平相处。离开塞浦路斯后，他成为法兰西国王查理五世的顾问。他建立新骑士团的计划落空。

插图 菲利普·德·梅济耶尔向英格兰国王理查二世进献自己的作品，14世纪末绘制的细密画（大英图书馆，伦敦）。

[6] 欧洲中世纪时期，该词用来指代信奉伊斯兰教的人，也可以说萨拉森人就是阿拉伯人。——译者注

之子勇敢者腓力三世（1270—1285 年在位）去世。如果说封建传统和骑士风俗塑造了法兰西王国，那么能够严格控制公共财政和领主捐税的高效政府为法兰西蒸蒸日上奠定了基础。

美男子腓力和罗马教皇

腓力四世（1285—1314 年在位），勇敢者腓力三世和阿拉贡的伊莎贝拉之子，最主要的优点就是将优秀的人，如：皮埃尔・福劳特、纪尧姆・德・普莱西昂、纪尧姆・德・诺加莱特和菲利普・德・马里尼，聚集在自己身边，倾听他们的建议。

腓力四世决意做一位专制国王，为此他不惜停止一些徒劳无益的行动，如与阿拉贡王国的西西里争夺战，上述的阁臣则在他的授意下参与了当年一些重大事件（与教皇的冲突、对圣殿骑士的审判、三级会议的召开、东部边境贵族的归顺、公共财政的整合等）。

然而，腓力四世和邻国君主，尤其是英格兰的爱德华一世间的冲突不断，但最激烈当数与罗马教皇卜尼法斯八世的冲突。按照英国历史学家查尔斯・威廉・普雷维特–奥顿的说法，教皇卜尼法斯八世是“光辉的独裁者”，也是他曾在 1297 年为路易九世封圣。在教皇颁布《独一至圣》（意大利语：*Unam Sanctam*）谕旨后，罗马教皇与法兰西王国间的冲突升级。这份教皇谕旨完美地表达了教会的神权教义，内容也清楚地表明了主教教座的教权至上。根据这一原则，基督教国王应该服从罗马教皇，因为每个基督徒都必须服从教皇的宗教和政治权威。这份教谕可被视作为教廷服务的统治纲领，直到 19 世纪末教皇利奥十三世时期，梵蒂冈才废除了教谕的内容。

罗马教皇卜尼法斯八世宣布 1300 年为大赦年，这是规定的第一个圣年，是欧洲基督教服从罗马教廷的显著表现。赦罪（在天主教会中，在罪过已蒙赦免后，减免因罪过而当受的暂罚）在当年吸引了数以万计的朝圣者来到“永恒之城”罗马，其中包括但丁、乔托和法兰西国王的兄弟瓦卢瓦的查理。这场群众运动强化了罗马教皇的权力，而信徒的大量捐赠也促进了罗马教廷管理的空前发展。从此，罗马取代耶路撒冷和圣地亚哥–德孔波斯特拉，成为基督教朝圣的主要城市。

科特赖克战役：弗拉芒人[7]反抗腓力四世

在佛兰德伯爵背弃法国国王后，美男子腓力四世占领佛兰德伯国领土，并通过法令将其并入王室领地。1302年7月，织工行会在布鲁日发起弗拉芒起义，战争最终以法国军队在科特赖克附近溃败而告终。

弗拉芒军队由手持长矛的步兵和工匠民兵组成，分散部署在利斯河和科特赖克城堡附近沼泽区中间的高原上。法国军队由阿图瓦伯爵统率，配有弓箭手、火枪手、步兵和10个骑兵部队，共分为三个旅，均由著名的将军指挥。1302年7月11日上午，战斗随着双方互射箭矢和角镞箭打响。不久之后，法国步兵占了上风，阿图瓦被这一进展冲昏头脑，命令骑兵进攻。但地面狭窄，骑兵的机动性受阻，淹死在沼泽里。战胜方弗拉芒军队损失人员不到百人，而法方损失惨重，阿图瓦伯爵、60多名伯爵和男爵、200多名骑士和1000多名骑兵均在此丧命。

插图　右侧是牛津橡木匣雕刻或称科特赖克橡木匣雕刻的细部图，这部弗拉芒作品描绘了14世纪布鲁日起义和科特赖克战役（阿什莫尔博物馆，牛津）；左侧是进献给腓力四世及其妻子纳瓦拉的胡安娜的象牙，约1300年（克鲁尼博物馆-国立中世纪博物馆，巴黎）。

《独一至圣》颁布后，腓力四世立即做出反应，要求法国神职人员承认国王的权力：他迅速在卢浮宫召开三级会议，由国王亲自口授，纪尧姆·德·普莱西昂在会上发表了反对卜尼法斯八世的讲话。教皇与法国国王之间的不和持续了10年，直到1303年卜尼法斯八世去世才告一段落。国王的顾问们为了以异端为由废黜罗马教皇费尽心思。重要的不是那些反对卜尼法斯八世的法国主教、王室法学家或科隆纳家族红衣主教说了什么，而是一个欧洲国家表达反对罗马教廷凌驾于本国教会之上的意愿。

[7] 弗拉芒人亦称“佛兰德人”“佛兰芒人”，因居住在佛兰德地区得名，本文统一采取“弗拉芒人”这一表达。——译者注

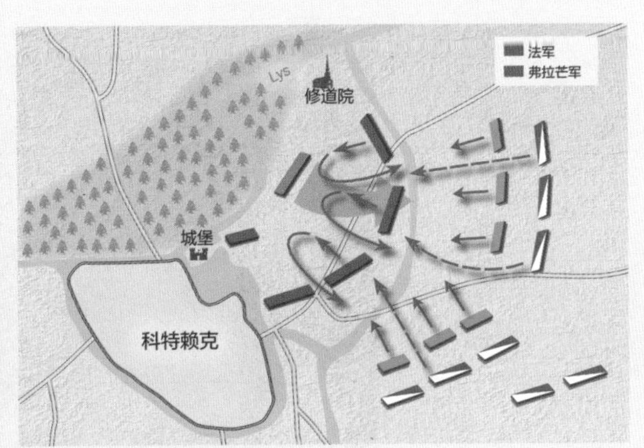

金马刺战役　在科特赖克战役，又称金马刺战役打响时，弗拉芒人在法国弓弩手强弓劲弩猛烈射击下节节败退。在阿图瓦伯爵的统率下，法国步兵发起进攻，从佛兰德堡垒突击成功。尽管地势狭窄，法军首领还是下令骑兵向对方阵地进攻。当弗拉芒人在陆地上顽强抵抗时，陷入沼泽的法国骑兵变成易于打击的目标。法国预备役部队试图撤退，但弗拉芒人的反攻毫不留情。战斗结束后，弗拉芒人在战场上缴获数百枚法军的金马刺。法军兵败布鲁日民兵是法国骑兵遭遇的第一次灾难，也是美男子腓力统治时期最失败的军事行动。对于弗拉芒人来说，这场战斗给他们奠定了独立的基础，从1973年起，7月11日成为比利时弗拉芒社群的节日。

阿维尼翁的教皇

除了与法国国王的冲突外，教皇卜尼法斯八世也和阿拉贡王室苦苦纠缠，直到 1295 年 6 月 20 日双方签署《阿纳尼条约》才得以结束。这一条约平息了长期以来围绕着西西里岛统治权的争端。由于与阿拉贡联合王国重归于好，教皇卜尼法斯八世才能重新着手处理与法国几乎无法调解的纠纷。教皇卜尼法斯八世被腓力四世的顾问纪尧姆 · 德 · 诺加莱特逮捕，受尽凌辱，于 1303 年 10 月去世，死前也未能平息他与法国国王之间的冲突。

在本笃十一世教皇短暂任期后，为另选新教皇，教皇选

美男子腓力财政政策的失败

美男子腓力致力于巩固和整顿国家，新的公共秩序晨曦初露。然而，日耳曼帝国野心勃勃、教皇神权主义只手遮天、农村贵族拒绝放弃封建传统和缴纳新税款，无一不威胁着这一新的公共秩序。

国家财政是法国君主制政府的弱点。来自王室领地的收入几乎不足以支付宫廷和行政部门的开支。关税不稳定，收入也不足。为了弥补收入亏空，国王决定铸造硬币。由于缺乏金属，金币的回归迫使对货币进行贬值。这严重影响了农村贵族、教会和资产阶级的财源，也引发了民众的反抗。尽管实施了一系列的金融工程，但王国的金库几乎空空如也，腓力四世便挪用其他资源：教会财产、热那亚、伦巴第和犹太银行家的财富以及圣殿骑士的财富。

插图　美男子腓力的石棺（圣但尼圣殿主教座堂，巴黎）。

举会于1304年7月至次年6月在佩鲁贾组织召开。新教皇的选择应该反映教会在欧洲新的政治秩序中的地位。腓力四世对法国红衣主教施压成功：他的亲信，波尔多大主教贝特朗・德・戈特被选为新教皇，并于1305年11月14日在里昂圣朱斯拖大教堂加冕，史称克雷芒五世。

对于圣殿骑士团，教皇一开始保持距离，随后猛烈打压。这一态度的转变可以从1309年，克雷芒五世搬到阿维尼翁雄伟庄严的教皇宫一事上看出来。这所建在罗纳河附近岩溶山丘上的教皇宫跟堡垒一样，四周筑有4米厚的城墙，一直到1377年都是教廷的所在地。

阿维尼翁教皇奉行亲法政策。7位阿维尼翁教皇先后共授封142名红衣主教，其中113名来自法国，13名来自意大利，13名来自西班牙，2名来自英国，1名来自日内瓦，没有德国人。这些在阿维尼翁做出的决定为英格兰和德国后来的宗教改革播下了种子。

圣殿骑士的覆灭

1312年3月22日，教皇克雷芒五世在维埃纳公会议上颁布教皇诏书《至高之声》，并向主教们宣布"以不可违背的永久法令"取缔圣殿骑士团。这一诏书引发了一场丑闻，只有骑士团消失才能为此画上句号。因此，为保卫圣地而创建、在马穆鲁克征服阿卡城一战中幸存下来的圣殿骑士团覆灭了。

克莱尔沃伯纳德神父是圣殿骑士团新骑士精神的热情捍卫者，在他看来，圣殿骑士团是坚不可摧的。但圣殿骑士团这一僧侣士兵组织却突然灭亡。几个世纪以来，大家对此议论纷纷，提出了多种假设常常引发热议。有人怀疑这是法国国王美男子腓力和其亲信为私吞圣殿骑士的财产而精心策划的阴谋。

大团长雅克・德・莫莱提议收复几年前被马穆鲁克人征服的圣城和领土，这或许导致圣殿骑士团陷入孤立无援的境地。除骑士团内部外，这一新的十字军东征计划几乎没有得到任何外部支持。但事实上，圣殿骑士团覆灭的罪魁祸首当属法国国王及其阁臣们。至于法国国王参与其中的理由，与其说是教皇在维埃纳公会议上所提到的教义动机（只有很少的证据表明国王对此感兴趣），不如说是国王个人原因。

美男子腓力甫一登基便继承了父亲腓力三世留下的巨额债务，后者因 1285 年对阿拉贡王国采取军事行动而负债累累。尽管腓力四世进行公共财政改革，但由于发行“假币”[8] 或增税不公平等表面看来次要问题的影响，法国国家财政情况变得复杂，国王能够操作的范围缩小。没收意大利大财主们财产的措施也未让法国财务状况好转。

不管是自发的还是受人蛊惑的行为，美男子腓力认为以国家利益为由立即逮捕法国境内全体圣殿骑士是合法的。事实上，圣殿骑士团拥有大量的流动资产、商业基础设施以及从法国北部诺曼底到南部普罗旺斯的众多田产，在此前已经形成了一股经济金融力量。圣殿骑士被捕次日，就有人对他们的财产仔细盘点，而且自 1307 年起皇室官员频繁使用圣殿骑士的“信用证”，这两点似乎证实了经济利益是导致圣殿骑士团覆灭的重要因素。

法国国王参与其中的另一个证据——有时是有争议的——就是国王随从对圣殿骑士的所作所为与王令不一致，有时候，国王在一个月前就已下令。美男子腓力为圣殿骑士团的覆灭负首要责任这一观念在欧洲传播开来，尽管国王的顾问们，如纪尧姆·德·普莱西昂等人对此予以否认。例如，在意大利，但丁在《神曲》中将美男子腓力比作“一个新的彼拉多，他残酷无情，并不满足于这些罪行，而是未奉旨令，便把贪婪的风帆扬进‘圣殿’之中”。(《炼狱篇》，第 20 首)

相对来说，预谋监禁几乎全体圣殿骑士团成员更容易些，因为他们中大多数人年迈龙钟且手无寸铁。此外，除了在巴黎的住所外，圣殿骑士团骑士在法国的住所都未设防。虽然有一些骑士设法逃走了，但大多数人都遭受了宗教裁判所的牢狱之苦。他们惨遭宗教裁判所严刑逼供，让他们承认曾参加异端入会仪式，还在仪式期间有过诸如否定耶稣基督、往十字架上吐口水等其他亵渎行为。另外，他们还被逼承认曾沉湎于一种行为，即脱光衣服以便骑士团团长亲吻他们的尾骨、肚脐和

[8] 在当时，一枚硬币的价值是所含金属（特别是贵金属）本身的价值。但是，腓力四世为了渡过财政危机，减少发行硬币的金属含量（金或者银），而不改变其面值。——译者注

嘴巴。

对圣殿骑士的审讯于 1307 年 10 月至 11 月在巴黎进行，其间共获得 138 份证词，其中只有 4 份否认了上述这些指控，但这 4 份否认证词并非来自骑士团的领袖人物。骑士团的大团长雅克·德·莫莱、副手雨果·德·佩罗和诺曼底神圣导师若弗鲁瓦·德·沙尔尼酷刑之下被迫认罪。审判期间，在教皇克雷芒五世的干预下，圣殿骑士团大团长和其他圣殿骑士得以在教皇法庭上提出他们之前是被强迫认罪，并撤回之前承认的罪行。克雷芒五世中止了此前法国国王授意的判决，着手进行审讯。

为了避免与教皇发生公开冲突，美男子腓力便要求

圣殿骑士的城堡

拉库韦尔图瓦拉德小镇位于法国南部拉扎克高原（阿韦龙省）。1312 年，美男子腓力和教皇克雷芒五世下令摧毁圣殿骑士团城堡，如今拉库韦尔图瓦拉德这里坚固的城墙仍保留了城堡的遗迹。

对雅克·德·莫莱的审判和执刑

1307年，美男子腓力和教皇克雷芒五世下令逮捕法国境内的圣殿骑士。在国外的圣殿骑士之后也未能幸免。1312年，教皇克雷芒五世决定解散圣殿骑士团。圣殿骑士的财产被教皇没收，大多数转给了耶路撒冷圣约翰医院骑士团。两年后，即1314年3月18日，圣殿骑士团大团长雅克·德·莫莱被架上火刑柱。他和其他圣殿骑士被指控异端、亵渎、巫术和鸡奸。美男子腓力采取了一切预防措施以确保这场行动成功。他的目标是用圣殿骑士团多年来积累的金银、外币和信用契据来填充国库。在审判的那几年期间，国王把持了莫莱和教友们名下所有的弗罗林、里弗、德拉克马或第纳尔。相传，莫莱诅咒国王和教皇在一年内去见上帝。克雷芒五世于当年4月20日去世，美男子腓力于11月29日去世。

插图　火刑柱上的雅克·德·莫莱的细部图，1410年绘（大英图书馆，伦敦）。

吉索尔城堡　在被送往巴黎执行火刑之前，雅克·德·莫莱被关押在这座由诺曼底公爵们（11—12世纪）建造的皇家堡垒中。

对圣殿骑士的掠夺

美男子腓力和教皇克雷芒五世同意对圣殿骑士进行审判。然而，大家知道后者只是在政治和经济利益的驱使下才顺从国王意见的。1308年，在案件尚未在法律层面取得进展之前，数百名圣殿骑士和僧侣就已经在法国监狱中受尽折磨。虽然教皇不想继续这场闹剧，但他认为没收的圣殿骑士的产业和财富应该在教会和法兰西王国之间进行分割。宗教裁判所迅速委派审讯专家收集口供。宗教裁判所圣职部甚至派人到国外逮捕逍遥在外的圣殿骑士。欧洲所有的天主教国家都被要求监禁、严刑逼供并处决圣殿骑士团的成员。1310年5月12日，54名圣殿骑士在巴黎被活活烧死。1312年，在维埃纳公会议期间，克雷芒五世颁布诏书《至高之声》取缔圣殿骑士团，并将其成员的命运置于世俗法庭手中。1314年，圣殿骑士团由一项皇家法令所终结。

插图　上图是圣殿骑士的真十字架圣物箱（阿斯托加主教座堂，西班牙）。

皮亚斯特王朝与波兰的诞生

在皮亚斯特王朝的第一任君主梅什科一世（960—992 年在位）的统治下，波兰巩固了国家的独立，并在皈依后成为基督教王国。

在新千年伊始，波兰先后征服了摩拉维亚、斯洛伐克、卢萨蒂亚和萨克森的迈森市。但从12世纪至14世纪，波兰、波西米亚和匈牙利混战不休，没有赢家。1138年，波兰国王波列斯瓦夫三世去世后，波兰王国分裂成众多公国，直到1320年在国王矮子瓦迪斯瓦夫一世的领导下才重获统一。然而，为扩大在普鲁士的领地，条顿骑士团不惜损害波兰的利益，并占领了但泽、库亚维和多布任，剥夺了波兰进入波罗的海的通道。虽然瓦迪斯瓦夫没能完整地恢复旧日波兰王国版图，但他保障了小波兰的独立。他的儿子，继任者卡齐米日三世大帝（皮亚斯特家族最后的男性成员）领导着小波兰走向繁荣。

插图 右侧图片为维特·施托斯于 14 世纪所雕刻的克拉科夫圣母大殿祭坛装饰屏，克拉科夫这座城市在卡齐米日三世统治期间极为繁华。

查理一世

查理·罗贝尔是安茹的卡洛·马特罗之子、鲁道夫一世外孙，他在阿尔帕德王朝国王安德烈三世去世后争取匈牙利王位。1301 年他成功继位，之后又被迫让位于波西米亚的瓦茨拉夫三世，直到 1308 年重登王位。

上图 布达佩斯英雄广场上的匈牙利国王雕像。

纪尧姆·德·诺加莱特采用宣传手段，如散发小册子、言语鼓动等，煽动法国民众对圣殿骑士团的敌意。美男子腓力在图尔召开三级会议，会议上确认了国王法庭的管辖权，并与教皇签订协议正式表明圣殿骑士团已覆灭。全体圣殿骑士，双手反绑在背后，被送交到国王属下手中。严刑审判和审讯又开始了。圣殿骑士们在教皇前的翻供被视为不合法，最终被判处火刑。

在其他一些国家，如德国或卡斯蒂利亚，在经过数年的讨论后，同意赦免圣殿骑士。教皇克雷芒五世

也于 1312 年 4 月在维埃纳公会议作出最终决定：他下令取缔圣殿骑士团并没收其财产。他派专员在欧洲各地执行这项法令。圣殿骑士团的财产被移交给其他骑士团，主要是耶路撒冷圣约翰医院骑士团。在一些像西班牙等地，财产被转交给该国的军事骑士团或为专门接收财产而创建的骑士团。

与此同时，圣殿骑士团大团长和骑士们在法国国王的监狱中受尽折磨，他们喊冤叫屈却徒劳无功。最后在 1314 年，雅克 · 德 · 莫莱和骑士团的一些重要人员被送上火刑柱。

波兰皮亚斯特王朝

自 11 世纪起，波兰王国就与邻国波西米亚王国和匈牙利王国纷争不断，陷入冲突泥潭。国王矮子瓦迪斯瓦夫一世（1320—1333 年在位）以重新统一波兰王国为己任。1288 年，他同父异母的兄弟莱谢克二世（黑公爵），即谢拉兹公爵去世后，瓦迪斯瓦夫便要求继承其爵位，以此来巩固对库亚维省的统治，该省位于海乌姆诺（波兰语：Chelmno）附近的维斯瓦河下游流域。目的达成后，他将自己统治范围的领土与波美拉尼亚和上维斯瓦河的领土合并起来。接着，他又与西里西亚的君主和定居在拉普兰的德国人开战。这一扩张主义政策引发了他与勃兰登堡总督间的暴力冲突。

得到重建的波兰王国摇摇欲坠，始终面临着威胁，瓦迪斯瓦夫一世试图建立联盟来稳固江山，他将女儿伊丽莎白嫁给了匈牙利安茹-西西里王朝国王查理・罗贝尔，并让他的儿子卡齐米日（日后继承其父波兰王位，称卡齐米日三世大帝，1333—1370 年在位）娶了强大的立陶宛大公格迪米纳斯的女儿阿尔多纳。1320 年，瓦迪斯瓦夫一世在克拉科夫加冕为波兰国王。他试图通过唤醒斯拉夫人民的爱国主义精神来巩固国家统一，但却引起了条顿骑士团的敌意。瓦迪斯瓦夫一世与条顿骑士团开战，这场旷日持久的战争却没打出什么结果。

匈牙利和安茹王朝

阿尔帕德王朝最后一位君主安德烈三世（1290—1301 年在位）统治期间，由于没有男性后裔，各个派别争相想要继承其王位，关系剑拔弩张。1301 年安德烈三世去世后，王朝贵族便分为两派：一派支持波西米亚国王瓦茨拉夫二世之子，奥托卡二世之孙瓦茨拉夫继位；另一派站在安茹王朝的卡洛二世和匈牙利的玛丽亚之孙查理・罗贝尔一边。两大敌对派系争吵不休，直到 1305 年瓦茨拉夫二世去世，查理・罗贝尔才得以继位。安茹王朝由此拉开序幕。

查理・罗贝尔统治时间长达 30 多年（1308—1342 年在位）。在位期间，他支持众多出身于下层封建贵族的新型主教和权贵贵族崛起，并依靠外国有产者来限制老牌家族的权力。他组建了一支效忠于王室的军队。为了改善赋税征收，他改革国家财政、促进城市发展。为了重振贸易，他取消国内关税、加强边境管制。另外，他还发行了匈牙利弗罗林金币，在欧洲境内得到升值。

档案：中世纪的朝圣

13世纪末，欧洲有10000多处基督教朝圣地。这一宗教现象是民众宗教虔诚最生动的表现之一。

旅行纪念品

自1187年占领耶路撒冷起，萨拉丁鼓励朝圣者朝觐圣地，因为他们代表了可观的收入来源。

插图 一位朝圣者获得的源于13世纪的叙利亚水壶（大英博物馆，伦敦）。

那些保护圣人遗物的教堂是中世纪最受欢迎的朝圣地之一，它们为大众笃信宗教提供了不竭的源泉。例如，男男女女会来这里忏悔，希望得到赦免或奇迹般的治愈。更特别的是，冒险精神也激励着朝圣者们走上

宗教，社会生活的中心

在中世纪，宗教是欧洲社会、文化和政治生活活跃的中心。因此，朝圣成为最重要的宗教活动。朝圣的终点是那些被视为神圣的地方，因为第一批基督徒曾在那里聚集或殉道。其他朝圣中心则是那些保护圣人坟墓或收藏圣人遗骸的地方。罗马、圣地亚哥-德孔波斯特拉和耶路撒冷是吸引朝圣者最多的三个城市。

插图 左侧，《圣赫勒拿与真十字架》壁画，皮耶罗·德拉·弗朗切斯卡约1460年所绘（圣弗朗切斯卡主教座堂，阿雷佐）；右侧，耶路撒冷的圣墓教堂，欧洲朝圣者朝觐圣地的终点。

朝圣之路。

英格兰的达勒姆的圣卡斯伯特（634/635—687）墓、伯里的殉教者圣艾德蒙（9世纪）墓和威斯敏斯特的忏悔者爱德华国王（1004—1066）墓吸引着朝圣者们的目光。格拉斯顿伯里修道院也变成了一种特殊的宗教信仰对象。相传，该修道院得以建成要归功于亚利马太的约瑟。《马可福音》记载，亚利马太的约瑟是那位保存盛有耶稣基督宝血圣杯的人，他在亚瑟王的传说中变成了英国基督教化的英雄。然而，朝圣者们去得最多的地方当数坎特伯雷大主教托马斯·贝克特的小教堂。

托马斯·贝克特是英格兰国王亨利二世的大法官，两人原本保持着深厚的友谊。但英国贵族暗杀乡村牧师一事引起两人的冲突。大主教坚持认为案件应该委托给教会法庭，而不是王室法庭。当他威胁将包括国王在内的反对者们逐出教会并寻求罗马教皇作为靠山时，两人之间的分歧愈加严重。

1170 年 12 月 29 日，一群武装团伙在坎特伯雷大教堂圣坛脚下暗杀了托马斯·贝克特。这次暗杀事件引起了整个基督教世界的震惊，迫使亨利二世前来旧友坟前跪拜。1173 年托马斯·贝克特被追封为殉教圣人，国王的忏悔加上奇迹般的故事，尤其是人们在他墓前得到的治愈，让坎特伯雷大教堂成为中世纪基督教最受欢迎的地方之一。

其他欧洲国家也拥有重要的朝圣中心。在法国，图尔的圣马丁圣殿、沙特尔主教座堂圣殿、勒皮主教座堂圣殿和圣但尼主教座堂圣殿也是朝圣者们常光顾之地。

在意大利，信徒们主要前去阿西西的方济各墓和洛雷托（意大利语：Loreto）的圣家圣殿朝拜。后者的名声归功于一个传说：当圣地十字军的最后一个据点陷落时，天使将抚养耶稣基督成长的家从拿撒勒转移到安科纳周围的树林（拉丁词语 lauretum 由此而来，意为“月桂树林”，该地也以此为名）。

朝圣如此重要以至带动了大量旅行文学作品的出版，其中大多数作品是指南，它们详细说明了行走的路线、冥想的圣地、停留的收容所和沿途瞻仰的名胜古迹。随着这些作品的出版，一些朝圣路线得以声名鹊起。这些作品最为关注的则是中世纪的三大朝圣目的地：耶路撒冷、圣地亚哥–德孔波斯特拉和罗马。

圣城耶路撒冷

圣地朝圣的起源可以追溯到 4 世纪初。为了在罗马神殿下找到耶稣基督受难受死的痕迹，君士坦丁大帝的母亲海伦纳在一群妇女的陪同下一起去耶路撒冷。据传，她们发现并带回了残余的十字架和将耶稣钉于十字架上的钉子。

海伦纳的这一发现，加上君士坦丁受她影响皈依基督教，引得罗马帝国各地的朝圣者纷纷涌入圣城。朝圣回来后，不少人诉说着他们瞻仰圣地时的心情，以及沿途对商队袭击的无尽恐惧。他们当中有一位名叫埃格里亚的妇女在 4 世纪末，也就是罗马皇帝狄奥多西大帝统治时期，曾前往耶路撒冷。她写了《旅行指南》这本日记，真实地记录了她的旅程，旨在为她修会的修女们提供帮助。

朝圣路线：赎罪之路

从11世纪到13世纪，无论是海路还是陆路，前往基督教圣地的朝觐之旅与日俱增。罗马朝圣之旅是通往使徒（大教堂）的“门槛”，即圣彼得和圣保罗的坟墓。在加利西亚，朝圣目的地是圣雅各墓地，在耶路撒冷则是圣墓教堂。要求朝圣者做的忏悔在于祈祷和向当地神职人员捐款。朝圣结束后，信徒们认为自己得到了净化。十字军东征时期，教会建议忏悔者把朝圣与耶路撒冷拉丁王国的兵役结合起来。因此，第二次和第三次十字军东征是由英法王室组织的赎罪远征。朝圣者朝觐圣地给教会带来重要的收入来源，教会则给朝圣者们提供安全通行证。但在1291年耶路撒冷拉丁王国被攻占、阿卡城陷落后，朝圣之旅变得愈加艰难。因此，教会放弃了忏悔这一层面，朝圣变成了获得赦罪的一种手段。

朝圣者的冒险 回到家中，朝圣者通过展示特有的标志来讲述他的旅程：褡裢、手杖（棍杖）和许多缝在外套上的徽章。

插图 《朝圣者》，16世纪壁画（理性宫，帕多瓦）。

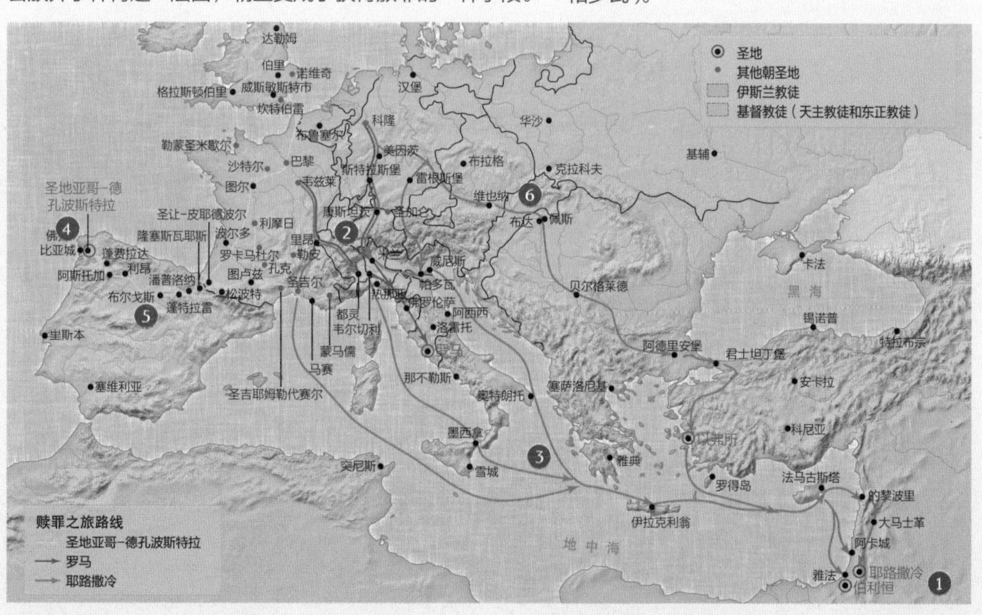

❶ **圣地** 无论是走陆路还是走海路，有几条路线通往耶路撒冷。朝圣者根据交通、住宿和安全条件选择自己的路线。

❷ **沿途停靠城市** 在主要的朝圣之路上，途经城市的教堂竞相为朝圣者们服务，给他们提供圣物、珍贵的纪念品，从而成为通往圣地之路的中途停留城市。

❸ **海上旅行** 从1300年起，从威尼斯到耶路撒冷这条海上路线是朝圣者们走得最多的朝圣路线，途中最大的风险是会在伊奥尼亚海或爱琴海遇到海盗。

❹ **圣地亚哥-德孔波斯特拉** 朝圣者们穿过法国到达加利西亚有四条路线。但从隆塞斯瓦耶斯或松波特山口起就只有两条，然后在蓬特拉雷之后只剩下一条路线。

❺ **朝圣之路上的城市** 朝圣者涌入圣地亚哥朝圣之路上的城市，如阿斯托加和蓬特拉雷，这促进了当地的商业兴旺和城市发展。

❻ **互帮互助** 途经的所有城市都有兄弟会为旅行者提供帮助，开设收容所来招待他们。朝圣者间的友好情谊在他们返途中也有所体现。

这些游记让耶路撒冷朝圣之旅变成了一个可与后来的穆斯林朝觐麦加媲美的虔诚行为。在整个 11 世纪，尽管土耳其人在安纳托利亚建立的塞尔柱王朝给朝拜带来了风险，朝觐圣地的朝圣者与日俱增，而且因为在圣枝主日庆祝仪式上，他们手持棕榈枝或橄榄枝，所以也被称为“棕榈树”（法语：paulmiers [9]）。造船业的进步也极大地促进了海上朝圣的发展。海上朝圣途经克基拉岛、伯罗奔尼撒半岛、克里特岛、罗得岛和塞浦路斯。

11 世纪末的第一次十字军东征深刻地改变了朝圣精神。从此，前来圣地的旅行者络绎不绝，他们全副武装，严加防御巴勒斯坦海岸被征服的城市，特别是 1099 年 7 月被攻克的耶路撒冷。12 世纪至 13 世纪，朝觐圣城和十字军运动紧密联系。那时候，朝觐圣城引发了基督教骑士与土耳其、库尔德和埃及战士间的冲突。

然而，人们逐渐认识到朝圣和十字军东征是截然不同的。当萨拉丁以伊斯兰教的名义占领耶路撒冷并驱逐十字军时，他向朝圣者敞开了大门，并给予他们安全通行证。当十字军转攻他地时，它给朝觐圣城降低了风险。1204 年，第四次十字军攻陷君士坦丁堡；1221 年和 1250 年，第五次和第七次十字军分别针对埃及；1270 年，第八次也就是最后一次，十字军以进攻突尼斯为目标，路易九世 [10] 也在此身亡。在签订《雅法条约》（1229 年）期间 [11]，由于腓特烈二世懂阿拉伯语，他兵不血刃、不费一兵一卒夺回了圣城和圣墓，这一和解政策既巧妙又有效，朝圣从中受益良多。

与此同时，陆路的改善、收容所和旅馆网络的建立、海上保险的发明，特别是第一次十字军东征后建立的军事骑士团（尤其是圣殿骑士团和医院骑士团）都促进了朝圣的发展。这一现象也促进了先后落户在罗得岛和马耳他岛的耶路撒冷圣约翰医院骑士团的发展壮大。

[9] 在中世纪，这些手持棕榈枝的朝圣者被称为“palmier”，意为棕榈树，后来逐渐演化为 Paulmier，用于姓氏。——译者注

[10] 圣路易，即路易九世，是法兰西王国卡佩王朝第十一位国王，分别于 1248 年和 1270 年发动第七次和第八次十字军东征。在 1270 年领导十字军东征进攻突尼斯时，在当地因鼠疫逝世，享年 55 岁。——译者注

[11] 这里原文应该有印刷错误，Trait é de Jaffa 应为 1229 年，并非 1299 年。——译者注

达勒姆座堂 献给圣母和圣卡斯伯特的达勒姆座堂坐落于英格兰北部城市达勒姆，是重要的朝圣地。

圣地亚哥-德孔波斯特拉

“圣地亚哥朝圣之路”是中世纪的第二大朝圣路线。它的起源可以追溯到9世纪，当时在佛拉比亚城（伊比利亚半岛的尽头）的菲尼斯特雷角发现了使徒圣雅各的遗骸。为服务政治利益，加强自身独立，对抗科尔多瓦酋长国和加洛林帝国这两个地区大国，阿斯图里亚斯国王对当地人民笃信宗教予以大力支持。

在接下来的几个世纪里，这一宗教热情在整个欧洲掀起了一股狂热，并由此在欧洲大陆开创了许多通往圣地亚哥-德孔波斯特拉的路线。朝圣活动蒸蒸日上，带

一种新的文学体裁：旅行指南和游记

圣地亚哥-德孔波斯特拉、耶路撒冷、罗马和其他欧洲城市的朝圣者兄弟会为朝圣者们复制和发行游记和旅行指南。这些游记指出了沿途的各种障碍和可能遇到的危险。最受欢迎的通常是商人和主教的作品，而不是严格意义上的宗教作品。这些指南中最早的一本涵盖了对当时整个已知世界的描述，由第一位访问中国的欧洲旅行者——图德拉的本杰明于1170年左右用希伯来文所创作。这位来自纳瓦拉的犹太人可能是宝石经销商，尽管他在作品中提及自己经过耶路撒冷的语气更像是宗教人士。匈牙利的朱利安是13世纪的多明我会修士，他在1236年左右用拉丁文撰写了第一部关于蒙古帝国之旅游记。1245年在里昂大公会议上，这部作品向主教们提供了关于蒙古的消息。马可·波罗（1254—1324）的《马可·波罗游记》是最成功的一部游记。这位威尼斯人非常详细地讲述了他的旅程、他在亚洲的生活以及他父亲、叔叔和自己在可汗宫廷中的所作所为。马可·波罗将他的故事口述给比萨的鲁斯蒂谦，后者用普罗旺斯语编写。这部游记被翻译成各种欧洲语言，是15世纪印刷量最大的书籍之一。

插图 坎特伯雷朝圣，15世纪所绘细密画。

动了其他地方的发展，它们成为圣地亚哥朝圣之路上的重要一站，如孔克或韦兹莱。《加里斯都抄本》中的《朝觐指南》详细地介绍了这些路线。朝圣者们先在比利牛斯山脉的圣让皮耶德波尔小镇碰头。接着再从这里穿过隆塞斯瓦耶斯狭道，前往纳瓦拉王国首都潘普洛纳。隆塞斯瓦耶斯狭道因歌颂查理曼的侄子罗兰的《罗兰之歌》而闻名于世。

从隆塞斯瓦耶斯经过为朝圣添上了一层政治色彩，因为朝圣者们开始意识到他们进入了一片与王权密切相关的领土。他们从潘普洛纳出发，沿途在埃斯特利亚停留，最后到达蓬特拉雷。人们在埃斯特利亚建起了收容所、旅馆和为朝圣者们提供援助的市场，小镇得以逐渐发展起来。蓬特拉雷标志着从比利牛斯山脉中西部出发的朝圣路线暂告一段落。

抵达加利西亚

从那儿开始，朝圣之路就只剩下一条路线。先是经过纳瓦拉国王寝陵所在的纳赫拉，再穿过圣多明各-德拉卡尔萨达，这座小城因为传说中的烤鸡唱歌这个神迹而闻名于世。这类传说催生了虔诚宗教文学。卡斯蒂利亚诗人贡萨罗·德·贝尔塞奥（13 世纪）的作品将对圣母玛利亚的崇拜融入圣地亚哥-德孔波斯特拉朝圣的世界，是虔诚宗教文学最生动的表达。

圣米良德拉科戈利亚修道院是朝圣者们的必经之地。他们定会在那里停留，再从那里出发前往西班牙中部的梅塞塔高原，然后抵达布尔戈斯。这座城市从朝圣中受益匪浅，许多信徒从圣地亚哥返回后便定居于此。接着，朝圣者们继续前行，先到莱昂，最后抵达加利西亚。

从圣殿骑士蓬费拉达城堡附近经过后，朝圣者们来到了莱昂王国和加利西亚王国的交界处。在丰塞巴顿的山口处有一座大十字架，他们习惯在这里放一块石头来标记自己路经此地。他们站在山丘上将德孔波斯特拉市尽收眼底，停下脚步，用仪式语说出“前进”（西班牙语：Ultreia）表达来到使徒墓地的喜悦之情。

从 12 世纪起，为了迎接朝圣者的到来，这里建了一座罗马式大教堂。教堂南

圣地亚哥-德孔波斯特拉 《加里斯都抄本》的第五册《朝圣指南》详细描述了圣地亚哥市及其大教堂。上图：金匠门廊左门的三角楣，代表耶稣在沙漠中遇到的诱惑。

立面最古老的门廊名为金匠门廊，雕刻精美；教堂西立面是宏伟的荣耀门廊，这是马特奥大师的杰作，其雕刻也是巧夺天工。朝圣者们会先跪下亲吻中央的柱子，然后再去圣雅各墓地前祈祷。

罗马和圣彼得

罗马是中世纪朝圣的第三大圣地。古奥克方言用 romeux 一词来称呼前往罗马圣城的信徒。与现代游客不同的是，他们所猎奇的并非罗马帝国曾经的辉煌，抑或是古罗马斗兽场、古罗马广场和其他由古罗马皇帝留下的名胜古迹。只有圣彼得和圣保罗的坟墓才能得到他们的关注。4 世纪，君士坦丁大帝在梵蒂冈山上的圣彼得墓地遗址上建造了第一座教堂。另外，他还在城外的圣保罗墓上筑起了一座教堂，在接下来的几个世纪，教堂一次次被修缮美化。

信徒们还会去殉道者墓窟，这是罗马第一批基督徒的避难所。为了获得赦罪，他们会去参观“停车站”（或是这里最有名的那些教堂）。信徒们最大的愿望就是在圣年的时候来罗马，庆祝基督教史上的圣年这件大事。教皇卜尼法斯八世在1300年宣布该年为第一个圣年。在接下来的12个月里，只要来圣彼得墓前祈祷的人都获得大赦。朝圣者们前赴后继，共有200万人来到这里，而且每个人都会在坟前捐赠一笔钱。

亚眠主教座堂

壮丽辉煌的亚眠主教座堂建于13世纪至15世纪，引得勃艮第的大胆查理为之着迷。

插图（右侧） 港口装卸工，巴塞罗那海洋圣母圣殿细部图。

艰难时期

在 14 世纪中叶的欧洲舞台上，百年战争变成了背景幕布，新的王朝轮番登场。它们提升自己的军事实力，扩大本国在外交谈判游戏中的影响力。打着政治整顿这一口号，新的王朝对贵族和资产阶级施行霸权，巩固了政权。

继 1314 年美男子腓力去世后，他的三个儿子——爱争吵的路易十世、高个子腓力五世和美男子查理四世三人相继在短短 14 年的时间里继承了法国王位。他们短暂而不幸的统治标志着卡佩王朝的终结。卡佩王朝自 10 世纪开始统治法国，并将腓力二世・奥古斯都和路易九世圣路易等雄才伟略的国王送上王位。

法国贵族对王权一直存有戒心，在美男子腓力去世后更是愈演愈烈。美男子腓力之子路易十世（1314—1316 年在位）试图平息煽动贵族的紧张局势。他发布省级宪章，保留了贵族的习俗和特权，满足了他们的要求，从而巧妙地处理了贵族叛乱，但他壮志未酬身先死。他的突然离世让其政治计划搁浅，更严重的是还引发了继任危机。两个多世纪以来，卡佩王朝每位国王都由一位男性继承人在他离世后继位。自于格·卡佩以来，每一次都是已故国王的长子继位。路易十世死时无男嗣是史无前例的。

路易十世生前只有一个女儿，名为胡安娜，是他与第一任妻子勃艮第的玛格丽特所生。然而，他第二任妻子匈牙利的克莱门西娅在他身故时有孕在身。王国的命运在孩子出生的前几个月悬而未决。在此期间，路易十世的弟弟腓力声称王后是外国血统，自己担任了摄政王。克莱门西娅后来生下儿子，称约翰一世，这看起来似乎结束了王朝危机，但几天后新生儿夭折。摄政王随后夺取了王位。他以腓力五世的名义登上王位，称"高个子"，胡安娜则嫁给了纳瓦拉国王。

法兰西新王朝

1322 年腓力五世逝世，王朝危机再次爆发。腓力五世和他的长兄一样，死时没有留下男嗣。他的妻子勃艮第的让娜生了四女一男，但男孩在一岁时就夭折了。他的弟弟趁势以查理四世的名义戴上王冠。6 年后，即 1328 年，查理四世驾崩，只留下一个女儿作为唯一的继承人。这次，王后也是有孕在身，分娩后才知道是男是女。但这次，王后又生了一个女儿。

自此，美男子腓力四世一脉断绝了男性直系继承人。因此，继任危机引发了两个阵营间的冲突。一方认为王位当属于英格兰的爱德华三世（1327—1377），其母亲法兰西的伊莎贝尔是腓力四世的女儿，也是最后三位国王（路易十世、腓力五世和查理四世）的妹妹。贵族们不打算让英国君主成为法国国王，但女性继承王位这一可能也引起了大部分贵族的反对。

法兰西王国的这些男爵就像在之前两位国王去世时一样，以男性长子继承权的名义，捍卫血缘关系最近的男性亲属——瓦卢瓦伯爵腓力的继位资格。他是腓力四世的侄子，也是最后几位卡佩王朝国王们的堂兄弟。这一选择得到了高度认可，瓦卢瓦的腓力以腓力六世（1328—1350 年在位）的名义成为法国国王。如此，法兰西王朝实现了更迭：瓦卢瓦王朝取代了卡佩王朝。

瓦卢瓦王朝的腓力六世于1313年与圣路易的外孙女勃艮第的让娜结婚，他的所作所为与卡佩王朝的堂兄弟们完全不同。他喜欢在公共场合展示自己的文雅和修养，在战场上也展现了14世纪的骑士精神和勇气。尽管这可能不是治理法国的最佳态度，但他在统治初期顺风顺水。腓力六世即位后，他镇压了佛兰德伯国由尼古拉·赞尼金领导的小地主、资产阶级和工匠的起义。在成为法国军队领袖后，腓力六世新上任便取得的这次胜利，让他确立起对贵族的权威，这些贵族过去曾蠢蠢欲动，意图挑战王权。

百年战争伊始

但当腓力六世计划在那不勒斯和匈牙利两国国王的支持下向圣地十字军东征时，他不得不迎战英格兰国王爱德华三世，后者一直以其母亲伊莎贝尔的名义主张自己继承法国王位。

腓力六世的大臣干涉英格兰国王领地阿基坦的事务已有一段时日。尽管阿基坦公国是战略领地，但卷入苏格兰长期战争的爱德华三世分身乏术，没有立即做出反应。1336年苏格兰国王大卫·布鲁斯的去世终于让他腾出双手。他向战争迈进脚步。没有什么能够阻止他。

为主张自己对法国王位的继承权，爱德华三世要求系谱学家和法学家用证明文件来证实美男子腓力的孙辈比瓦卢瓦的腓力更有权利继承法国王位。他期望证明法国没有任何法律规定女性不可继承王位，或者这样的法律不会影响朝代更迭。当然，这场争论只是一个借口。真正的问题是法国高级贵族是否希望看到金雀花人登上圣路易的王位宝座。

百年战争由此开始，从1337年到1453年，持续了一个多世纪。参战两国实力悬殊。英格兰人口城市化程度较低，只占法国人口的四分之一。法国经济活跃离不开庞大的城市网络。坐拥20多万名居民的巴黎是人口最多的西欧城市。那么爱德华三世呢，他除了是一位出色的战略家外，还拥有一支由曾在苏格兰作战的老兵

百年战争的第一阶段

英格兰的爱德华三世拿起武器捍卫自己对于法兰西王位的继承权。从1337年起，他与瓦卢瓦王朝的对手结盟，如佛兰德王子、神圣罗马帝国和罗马教皇。然而，这些盟友都未曾派遣军队或动用资源来支持他。英格兰则将炮火对准法兰西。

继1340年在斯卢伊斯战役中重创法国舰队，英国的军事远征自1346年起更是所向披靡。同年7月，兰开斯特公爵格罗斯蒙特的亨利在阿基坦取得重大胜利。不久之后，爱德华三世的军队在诺曼底登陆。8月26日，英格兰国王在中世纪最著名的战争之一——克雷西会战获胜。随后，英军围攻加莱，一年后加莱沦陷。席卷欧洲的瘟疫随后导致了双方长期休战。1355年，爱德华三世的长子黑太子爱德华率军抵达阿基坦。他先在朗格多克作战，次年又率军前往卢瓦尔河以北，许多村镇被洗劫一空。之后，他又撤回波尔多并在普瓦捷击败法军。普瓦捷战役后，阿基坦不得不归顺英格兰。

插图 右侧，1337年至1360年法国边境；左侧，英国爱德华三世的印章。

组成的军队。这支军队由士兵、重骑兵、轻骑兵和弓箭手组成，士兵由国王发放军饷，出身贵族的重骑兵身着锁甲保护。除此之外，他还从领主中招募和雇用了熟练使用长弓的士兵来补充队伍。这支纪律涣散的军队往往倾向于劫掠财物来发放军饷。此外，与一个城堡林立的法国作战，英军在规模上寡不敌众，只有采取围攻这一手段。

1337年，声势浩大的反瓦卢瓦联盟在法国东北边境成立，标志着战争的开始。法国国王的妹夫，即瓦卢瓦

❶ **冲突起因** 为了维持战争消耗，主张自己继承法国王位的权利，爱德华三世负债累累，以致他不得不将王室、妻子和儿子押给债权人。冲突发生之前，英国在法国的领地仅限于波尔多地区和北部的一小块领土。

❷ **战争初期** 英法第一次会战在离英格兰最近的佛兰德地区打响。1340年的埃克吕斯海战（或称斯卢伊斯海战）是英方取得的第一个重大胜利。这场长期冲突的所有会战都在法国领土上进行。

❸ **滩头阵地** 英军在诺曼底和卷入了继承争端的布列塔尼登陆。1346 年，爱德华三世在克雷西会战中大胜法军。一年后，加莱被英军攻占，并在长期围困后沦陷。

❹ **黑太子的战斗** 爱德华三世将阿基坦地区托付给他的长子爱德华。这位早在16岁便参加过克雷西会战的威尔士亲王被任命为加斯科尼副长官。从1355年起，黑太子在法国南部活动，将城镇洗劫一空。

❺ **英军新的胜利** 法国国王好人约翰二世对黑太子军队紧追不舍，于1356年9月19日的普瓦捷战役中被击败后成为俘虏。国王和他的儿子勇敢的菲利普被囚禁于伦敦，成为英国人讨价还价的筹码。

❻ **休战** 1360年，爱德华三世入侵法国北部。10月24日，《布勒丁尼条约》在加莱得到批准。法国承认英国对被征服领土的主权，并向英国割让了普瓦图和阿马尼亚克伯国。法国国王约翰二世在支付了3亿埃居的赎金后获释。

的让娜的丈夫阿图瓦的罗伯特也加入了英格兰国王的宫廷。为了彰显继承法国王位的意图，爱德华三世采用了法国国王的头衔和徽章。他在佛兰德的第一场军事行动并没有起到决定性的作用。许多法国城市抵抗住英军的进攻，但爱德华三世于 1340 年 6 月 24 日在斯卢伊斯的斯茨温三角港赢得了第一次海战胜利。随后双方签署了《艾斯普里青和约》。在接下来的几年里，除了修改佛兰德边界线，双方只发生了小规模的王朝冲突。停战、谈判和条约纷纷上演，战争进展缓慢。

让·弗鲁瓦萨尔的《大事记》

专门讲述百年战争的《大事记》开创了一种新的文学体裁，并由英格兰爱德华三世的妻子埃诺的菲莉帕宫廷的官方史官让·弗鲁瓦萨尔（约1337—约1400）引入法国。15世纪，其他编年史家接过先辈的“接力棒”。这本著作配有大量细密画，极具艺术和文献价值。

插图 让·弗鲁瓦萨尔向国王爱德华三世进献《大事记》其中的一卷（贝桑松市立图书馆）。

爱德华三世在诺曼底

1345年，英方采取主动，形势风云突变。爱德华三世委托其堂兄，即德比与兰开斯特伯爵亨利率领一支装备精良的军队在加斯科尼登陆。这次远征是为了夺回爱德华二世失去的领土。1346年7月，英格兰国王率领一支经验丰富的骑士队伍在科唐坦半岛登陆。占领卡昂后，他在法国开始了一场毁灭性的骑行劫掠行动，所到之处劫掠一空，然后踏上了前往佛兰德的道路。

法国国王腓力六世也组建了一支强大的军队。由于未能在塞纳河、普瓦西附近或索姆河上截断敌军进攻，他对敌军紧追不舍。一场大战势在必行。作为一名优秀的战略家，爱德华三世决定与他的部队在皮卡第海岸的庞蒂厄伯国克雷西平原的高地备战。在阿布维尔停留后，腓力六世继续向北进军，并于8月26日与英军展开决战。

第一轮作战由英军弓箭手和编入法军的弩手进行对战。英军弓箭手的射击更精确、更快速，射程也更远。同时，也许是第一次使用火药和炸弹，这都让法国国王的耐心消磨殆尽。腓力六世没有让弩手恢复队列，而是命令重骑兵冲锋。这种鲁莽的举动先是遭遇英国弓箭手的攻击，大量战马因此丧生，接着又遭到只有锁子甲保护的矛步兵的对抗。

爱德华三世预留了一支重骑兵队伍作为增援，随时准备进攻。但这支队伍没有必要上场，因为法军已被斩尽杀绝，其中不乏欧洲骑士界的知名人士。法兰西国王的弟弟阿朗松伯爵查理，以及法国王室的盟友波西米亚国王卢森堡约翰一世和佛兰德伯爵路易一世都在此一役中阵亡。约翰一世之子，也就是未来的国王查理四世和法国国王腓力六世两人逃走了。

爱德华三世没有乘胜追击溃不成军的法军，而是以一种非凡的战略意识决定围攻加莱港，这也符合他务实的名声。英军围困加莱将近一年的时间。腓力六世并没有冒险组建一支新的军队来对战英军。忍饥挨饿的加莱人最终投降了。为了保全加莱人民的性命，六位德高望重的加莱自由民用绳子套着脖子，向英格兰国王以示投降。

如果说围困加莱表明了爱德华三世继承法国王位的意愿（因此，他将来自英格兰的居民安置在此充实人口），那么这也表明由于困难重重，英格兰国王根本不可能征服法国。在这场耗费巨大人力、物力资源的武装冲突后，双方长期休战。1348年席卷欧洲的黑死病很大程度上浇灭了战士的热情。

法兰西国王腓力六世于 1350 年去世。他购买多菲内抵消了之前在诺曼底的军事行动失败，并将此地封给长子。自此，多菲内的领主（法语：le dauphine）这一称号成为法国王太子的特有头衔，他的孙子诺曼底的查理（未来的贤明王查理五世）也因此成为第一个王太子。尽管如此，多菲内仍然是神圣罗马帝国的一个公国。

弓箭手对抗骑士

在百年战争初期，英格兰长弓是一种决定性武器。为了对抗长弓，法兰西开创了许多发明，例如给骑士和战马穿上由金属板制成的盔甲。

锁子甲是由铁环或钢环制成的盔甲。作为士兵的主要防护，锁子甲在欧洲战场上一直用到16世纪。

箭由白杨木或白蜡木制成，带有铁制的尖头，长60—80厘米，重60—80克。

英式长弓由一整块紫杉木制成，其凹槽末端固定有直径3毫米的麻绳或丝绳。

和射击武器一样，战斧由法军推广普及，并用于肉搏战。

铠甲由20—40块钢板制成，用钩子和螺钉装在一起，并用皮带固定。铠甲从14世纪得到使用，在15世纪达到顶峰。

大多数剑都是由一手手持（另一只手拿着盾牌）。在14世纪，人们加长了剑把手，以便双手握住。这种剑被称为“变种剑”。

护腿甲、护膝甲和护胫甲保护腿部；铁鞋和翘头鞋保护脚。

征服撒丁岛

1297 年，教皇卜尼法斯八世将撒丁岛和科西嘉王国的主权割让给阿拉贡的海梅二世。这一赠予是对阿拉贡家族放弃反法政策和放弃争夺西西里岛的补偿，阿拉贡的前任国王们曾和安茹王朝争夺西西里岛。但这是一份有毒的礼物。实际上，教皇故意成立的这个王国纯粹是理论上的，而由比萨和热那亚共有的撒丁岛仍有待征服。征服撒丁岛对于阿拉贡联合王国来说势在必行，这也严重恶化了阿拉贡王国在地中海的政治关系。

整个 14 世纪期间，阿拉贡历任国王都在不遗余力地扩大对撒丁岛的统治。在用尽外交手段后，他们加强军事干预，第一次远征于 1323 年展开，由阿方索王子领兵。阿方索王子的军事行动受到了原住民的强烈反对，也受到了在该岛有重大利益的比萨政府的反对。撒丁岛上的土著王国之一的阿伯利亚王国的雨果二世很快明白：借助支持阿拉贡，他能加强自身实力，并摆脱热那亚和比萨的控制。因此，在 1323 年战役结束时，阿伯利亚人站在阿拉贡一边对抗比萨。

在经历了 20 年的相对平静后，争夺撒丁岛统治权的斗争自 1347 年开始愈演愈烈。海洋也成为争端对象，许多在该岛有利益的意大利强国（米兰、热那亚、威尼斯和比萨等）纷纷介入。撒丁岛的战略重要性与贸易网络和财富流动的控制密切相关。阿拉贡王国认为拥有撒丁岛对支持阿拉贡的经济发展至关重要。撒丁岛问题也因此成为地中海西部地区最棘手的问题之一。

阿拉贡先后在 1352 年和 1354 年对撒丁岛发动了军事行动，分别由阿拉贡贵族伯纳特·卡布雷拉和阿拉贡国王礼貌的佩德罗四世领导，而那时候撒丁岛上的阿伯利亚人正在发动起义。由于阿拉贡王国调动了大量的双桅战船和军舰运送亲王、骑士、弩手和其他经验丰富的战士作战，这场冲突又出现了另一个层面。

在所有战线上，围攻、阴谋和外交手段层见叠出。尽管阿拉贡一方取得了一些重大胜利，例如伯纳特·卡布雷拉在阿尔盖罗俘获了 33 艘热那亚双桅战船，但几十年来，双方没有分出胜负，小规模冲突在撒丁岛上层出不穷。

撒丁岛也是海盗的重要巢穴。在 14 世纪下半叶，这里一直是他们的避难所。

法国国王和法军兵败克雷西

克雷西战役见证了重要的战术变化。英军对于长弓驾轻就熟，他们在几十年前与苏格兰对战中已经使用过这个武器。事实证明，这些武器比法国的弩更有效。另外，通过命令骑士下马并将骑枪改成长矛，爱德华三世优秀的战略思维也展现得淋漓尽致。

1346年8月25日下午，英军驻扎在阿布维尔以北的克雷西高原，次日巩固阵地。英军三团共有12000人，其中包括9000名经验丰富的弓箭手。前线的士兵手持长矛埋伏在锋利的木桩后面，战斗甫一开始，法国骑兵和战马就被木桩刺穿。在阿布维尔歇脚后，腓力六世率军赶赴战场。他将6000名热那亚弓弩手安排在最前线，随后是两排穿着胸甲的骑兵，共计50000人。腓力六世似乎拥有战斗力最强的骑兵。据估计，每分钟有85000支箭射在法国弩手和骑兵身上，而热那亚弓弩手射出的箭矢寥寥无几。英军的箭以大约60千克的力量发射，穿透了法国骑兵的铠甲，杀死了弩手、骑兵和他们的坐骑。以骑兵对步兵的溃败为标志，法国战败是军事史上的一个转折点。

插图 克雷西战役，见于14世纪所绘的细密画（大英图书馆，伦敦）。

海盗们利用撒丁岛海岸的地理位置、撒丁岛在地中海的战略局势、阿拉贡堡垒长期的军需给养以及撒丁岛人和意大利人支持任何可能影响阿拉贡贸易的行为，坐收渔利。

撒丁岛战争给阿拉贡的经济造成了毁灭性的打击。随着冲突发展，越来越显而易见的是：继续战争对于阿拉贡王国财政来说是真正的无底洞。阿拉贡国王礼貌的佩德罗四世（1336—1387年在位）不得不要求各州和王室城市给予财政支持，同时转让和出售某些皇家特权、年金和产业。从长远来看，这样做并不能扭转财务状况。唯一的效果就是减少了国王的操作余地并增加了与债权人约定好的个人债务。

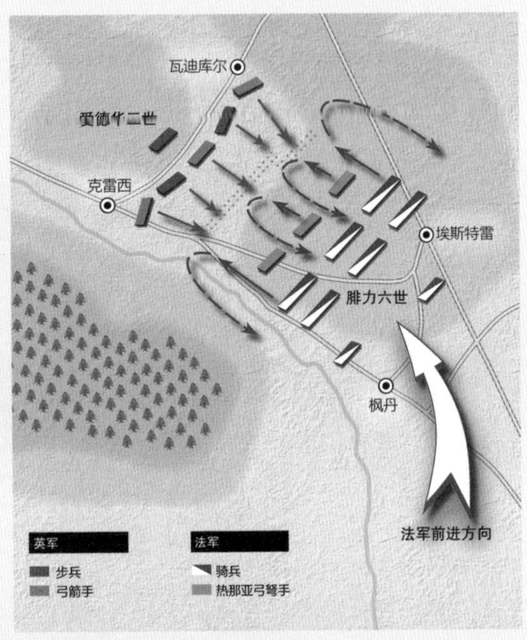

弓箭手的优越性 第一轮箭弩交火对阿图瓦伯爵的弩手来说是致命的，因为射击不准，装箭速度慢，他们为此付出了生命的代价。法国骑兵也不敌英国矛兵，他们在战斗中牺牲，连坐骑也未能幸免。

因此，在撒丁岛上开展的一系列战争破坏了阿拉贡王国的经济基础，阿拉贡王室抵押了王国主要州的财政。而 1356 年起，阿拉贡又与卡斯蒂利亚王国发生冲突，阿拉贡王室差点没能经受住这场考验。最重要的是，阿拉贡王室没能统治撒丁岛损害了阿拉贡王国希望在国际舞台上树立一流强国的形象。在撒丁岛上，阿拉贡卫戍部队处境岌岌可危、贵族起义接连不断、商业网络在这个海盗巢穴没有安全性可言，这样的状态一直持续到 15 世纪。

除了撒丁岛战争之外，礼貌的佩德罗四世做出了几项旨在巩固王室权力的决定。他将马略卡王国重新纳入皇家领土，

加泰罗尼亚四大编年史宝典

1268 年至 1385 年，四本以加泰罗尼亚语编写的编年史著作相继问世。它们分别由阿拉贡的海梅一世、伯纳特·德斯洛特、拉蒙·蒙塔纳和佩德罗四世所著。这些说教作品构成了中世纪最好的史学合集之一。

海梅一世的《编年史》由国王口授，讲述了他的军事行动。显而易见，作品风格是口语化的：国王以第一人称叙述，试图在提到某事时重现当时的情绪。而伯纳特·德斯洛特为了撰写他的编年史，在5年里（1283—1288）查阅了掌玺大臣公署的档案。因此，他能够以真正历史学家的距离和客观性来描述阿拉贡的佩德罗三世与法国人的战争。拉蒙·蒙塔纳（1265—1336）的著作讲述了阿拉贡在地中海东部地区扩张期间的经历。礼貌的佩德罗四世在他的编年史中，依靠文书和法庭抄写员的帮助来证明他最受非议的政治行为是正当的。

插图　编年史家拉蒙·蒙塔纳，14世纪所绘的细密画（西班牙埃斯科里亚尔图书馆）。

勇于面对阿拉贡和巴伦西亚贵族的要求，并创建了诸如将军代表团（未来的加泰罗尼亚政府的雏形）等政治机构。在此之前，依据海梅一世的遗嘱，马略卡王国与阿拉贡王国被分割开来。

卡斯蒂利亚国王阿方索十一世

1325年，卡斯蒂利亚的阿方索十一世（1325—1350年在位）成年后开始亲政，他的第一步举措就是致力于恢复王室权威，毕竟在他的父王费尔南多四世（1312年）逝世后，王室力量大幅衰退。他在

阿尔曼萨城堡

1238年，阿拉贡的海梅一世从穆瓦希德王朝[12]手中夺走了这座城堡。1244年，海梅一世和女婿卡斯蒂利亚的智者阿方索十世签订了《阿尔米兹拉条约》，自此，这座城堡成为卡斯蒂利亚王室的财产。王子唐胡安·曼努埃尔（1282—1348）在穆瓦希德防御工事的遗迹上重建了这座城堡。这座城堡坐落在阿尔曼萨（西班牙，阿尔巴塞特省）地区的老鹰山丘上。

[12] 穆瓦希德王朝是北非柏柏尔人建立的伊斯兰教王朝，1147年定都马拉喀什，12世纪后期王朝达到鼎盛，征服了马格里布大部分地区，控制着伊比利亚半岛的安达卢斯地区，1269年为马林王朝所灭。——译者注

巴利亚多利德召开国会（卡斯蒂利亚语：cortés），支持新贵族，从而削弱和王权针锋相对的旧贵族的力量。他的统治遭遇了卡斯蒂利亚最强势的一些贵族的反对，尤其是唐胡安·曼努埃尔和独眼唐胡安·德·哈罗的抵制。

唐胡安·曼努埃尔，《卢卡诺尔伯爵》的作者，被认为是15世纪卡斯蒂利亚最伟大的散文家。身为国王费尔南多三世的孙子和阿方索十世的侄子，无论从血统上还是从其产业的范围和财富上，唐胡安·曼努埃尔都是卡斯蒂利亚最有权势的贵族。在阿方索十一世尚未成年亲政前，他积极投入王国的摄政斗争。为了避免上层贵族结盟，阿方索十一世向唐胡安·曼努埃尔的女儿康斯坦斯求婚，而康斯坦斯当时年仅9岁，这导致婚礼必须延期。这一联盟为唐胡安·曼努埃尔提供了国王代表这一头衔（卡斯蒂利亚语：adelantado de la Frontera），并保证他在卡斯蒂利亚王国享有举足轻重的地位。

埃米尔穆罕默德四世成为格拉纳达的纳斯里德王国的国王和横跨直布罗陀海峡两岸的马林王朝的存在，是阿方索十一世关注的核心问题。在这种政治背景下，为了强化联盟网络，阿方索十一世娶了葡萄牙的玛丽亚，此举实为抛弃康斯坦斯。他这一违背诺言的行为激起了唐胡安·曼努埃尔和他的外祖父阿拉贡的海梅二世的怒火。

卡斯蒂利亚国王举起了收复失地的大旗，御驾亲征，与格拉纳达王国开战，夺取了艾阿蒙特和托雷亚尔阿基梅的要塞，赢得重大胜利。但是马林王朝在此之前重新夺回了地中海的战略要塞直布罗陀。1339年初，苏丹阿布·哈桑·本·奥斯曼之子率领马林军队登陆伊比利亚半岛。卡斯蒂利亚舰队切断了他们与海峡对岸非洲大本营的联系。随后为了征服塔里法，苏丹在1340年春御驾亲征，在阿尔赫西拉斯登陆。双方爆发了一系列海战，埃吉迪奥·博卡内格拉指挥的热那亚舰队也参与其中。

阿方索十一世首先力图赢得时间，以便在塞维利亚组建一支强军。为了打破马林军队对阿布·哈桑的围困，阿方索十一世向塔里法进军，这一举得到葡萄牙、阿拉贡和纳瓦拉的支持，葡萄牙国王阿方索四世亲自率军支援，阿拉贡和纳瓦拉则是派骑士增援。据穆斯林编年史，1340年10月30日爆发了萨拉多之战，也被称作

伊比利亚半岛的马林王朝

苏丹阿布·哈桑在1331年登上摩洛哥的马林王国的王位后，重新点燃了征服安达卢斯的火把。他将在塔里法建立桥头堡这一重任委托给其子阿布·马利克。

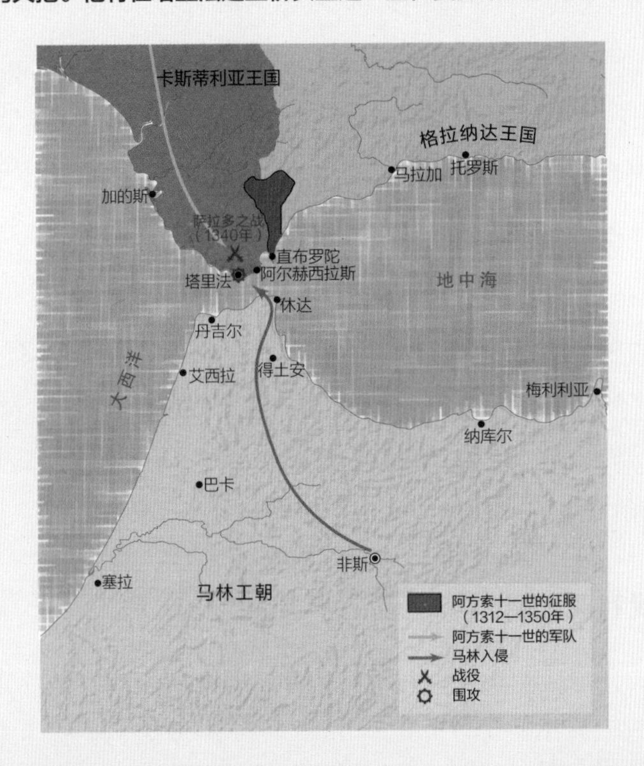

自1292年卡斯蒂利亚的桑乔四世征服直布罗陀海峡以来，塔里法一直是基督教统治下唯一一个筑有防御工事的城市。在马林王朝人的眼中，塔里法是再次入侵伊比利亚半岛的理想桥头堡。然而，阿布·马利克在战役开始时便牺牲了，这迫使阿布·哈桑亲自率大军横渡海峡。但他也未能为儿子报仇雪恨。卡斯蒂利亚和阿拉贡于1339年签署了一项军事条约，根据条约，他们承诺各自出动27艘和14艘双桅战船。此外，卡斯蒂利亚国王阿方索十一世的军队组织给塔里法供应食物和弹药，以对抗长期围攻。这座要塞城市迎来了卡斯蒂利亚和阿拉贡最凶悍的战士。当阿布·哈桑下令袭击塔里法时，部署在海峡中的卡斯蒂利亚和阿拉贡船只切断了他与北非的通信。苏丹的军队溃不成军。不久之后，马林舰队的毁灭进一步让格拉纳达王国陷入孤立无援的境地。

塔里法之战，因为这是塔里法这座城市被长期围困后的结局。四位君主参与了这次战争：一方是卡斯蒂利亚的阿方索十一世和葡萄牙的阿方索四世；另一方是格拉纳达的尤素福一世和非斯的阿布·哈桑。

在唐胡安·曼努埃尔和胡安·努涅斯·德拉拉的领导下，基督教先锋队首先对苏丹营地发动攻击。鉴于当时严峻的形势，唐胡安·曼努埃尔搁置了与卡斯蒂利亚国王的分歧。被穆斯林围困的塔里法基督徒成功地突破重围，马林军队发现自己被这两支军队以及由葡萄牙预备队组成的第三支军队包围了。

基督教联军获胜，苏丹被迫撤退到阿尔赫西拉斯，逃过敌方舰队的阻拦，来到非洲海岸的休达。马林人被赶出伊比利亚半岛大大削弱了其盟友格拉纳达的纳斯里德王国的实力。尽管阿方索十一世在1350年围攻直布罗陀期间由于感染瘟疫去世，但控制海峡令在黑海特别是在卡法的热那亚商行，以及在佛兰德和英格兰港口之间开辟一条海上航线成为可能。商船航行的发展意味着放弃了速度更慢、价格更贵、风险更大的陆路运输。这一开放也有利于促进热那亚人在卡斯蒂利亚安居乐业，融入当地的经济生活。

德国和巴伐利亚王朝

1313年，来自卢森堡王朝的亨利七世在当选为罗马人民的国王仅仅3年后去世，这在神圣罗马帝国内部再次引发了两派冲突。一派支持选举产生皇帝，另一派支持像法兰西、英格兰、卡斯蒂利亚或阿拉贡一样，采取世袭君主制。来自施瓦本公国（今瑞士境内）的哈布斯堡家族的奥地利公爵、阿尔布雷希特一世之子腓特烈，成为罗马人民的国王候选人。其弟利奥波德通过玩弄政治手段让他得以当选。哈布斯堡家族根植在施瓦本公国，势力雄厚。

哈布斯堡家族的腓特烈可以从7位选帝侯中获得4票，分别来自科隆大主教亨利、巴伐利亚和莱茵–普法尔茨伯爵鲁道夫一世、波西米亚国王亨利一世和萨克森–维滕堡公爵鲁道夫一世。就像特里尔大主教为了自己的利益争取摇摆选票一样，权势滔天的美因茨大主教皮埃尔·德阿斯佩尔引导其他选帝侯对以上这一候选人选

择提出异议。

然而，美因茨大主教和他的支持者们并没有找到一个势均力敌的候选人。他们支持波西米亚国王卢森堡的约翰一世、已故国王亨利七世之子，但他年龄仅 17 岁，经验不足。然后，他们考虑了另一位候选人，即出身于维特尔斯巴赫家族的巴伐利亚公爵路易，他在加梅尔斯多夫战役中击败了哈布斯堡家族腓特烈的贵族联盟，声望大涨。

巴伐利亚的路易拥有的领地有限，这没有成为他的劣势，反而为他当选罗马人民的国王贡献了一份力量。然而，这是在经历了一场长期内战——时代的标志——

卢森堡的亨利七世

卢森堡伯爵于 1308 年当选为罗马人民的国王，随后加冕为神圣罗马帝国皇帝。他是教皇克雷芒五世、法国扩张主义、那不勒斯国王罗贝托以及意大利城邦的劲敌。但丁在《神曲》中以阿里格的名义提及他，认为他必须将帝国权力归还给意大利。

插图 皇帝审判米兰叛乱分子细密画，绘于 14 世纪（国家档案馆，科布伦茨）。

劳彭之战

1339 年 6 月 21 日，伯尔尼市民击败了意图占领劳彭的巴伐利亚的路易四世的军队。伯尔尼民兵在鲁道夫·冯·埃尔赫指挥下，并在弗里堡、纳沙泰尔和汝拉的军队的支持下，成功击退敌人的围攻。

插图　劳彭之战（右侧，伯尔尼人）小彩画，由老迪堡·席林于 15 世纪下半叶绘制。

路易的哥哥、巴伐利亚和莱茵-普法尔茨伯爵鲁道夫一世加入了维特尔斯巴赫王朝的敌对阵营，之后才突然有的。这场冲突是导致瑞士州联邦成立的主要根源，后者巩固了 1291 年乌里、施维茨和下瓦尔登三州缔结的永恒联盟条约。

为了阻止瑞士独立运动，哈布斯堡公爵利奥波德二世于 1315 年集结了一支强大的骑兵队伍。他信心满满、胸有成竹，率兵来到埃格里湖附近的莫尔加藤，并于 11 月 15 日在此迎击 1000 名手持长戟的瑞士人。战斗开始不到两小时，利奥波德二世的骑兵要么被击倒在地，要么淹死湖中。利奥波德公爵不得不承认自己对于这次远征准备不足，以及他对由小地主组成的这支步兵的轻视，低估了他们矢志捍卫自己土地和自由的决心。

即使神圣帝国内战不曾停止，哈布斯堡王朝败北瑞士也促进了巴伐利亚的路易的事业发展。于是，富有骑士精神、性格又冲动的哈布斯堡的腓特烈向他的对手提议采用对阵战一决胜负。因为根据古老的信仰，战斗的胜负是由上帝指示的，所以届时获胜一方将由上帝指定，戴上皇冠成为国王。巴伐利亚的路易接受了对手的提议，虽然他对此并没有抱太大的信心。

双方于 1322 年在米尔多夫小镇旁因河左岸的安普芬沼泽地开战。战斗持续了 10 多个小时。巴伐利亚的路易的同盟、霍亨索伦王朝的纽伦堡城主腓特烈四世从敌军后方进攻，为这场战斗定下胜局。哈布斯堡的腓特烈被俘。米尔多夫战役标志着新兴的城市资产阶级所采用的新的军事战术的胜利。

巴伐利亚的罗马人民的国王路易四世，对待战败的哈布斯堡的腓特烈礼遇有加，他曾和后者一起在维也纳学习并参加了许多骑士行动。路易四世统治时间很长（1314—1347 年在位），哪怕因教皇若望二十二世的敌视，直到 1328 年他才正式被加冕为皇帝，但对于日耳曼地区来说，他在位期间播下了新时代的种子，促进了该地区的发展。

匈牙利和波兰

国王拉约什一世（1342—1382 年在位）是安茹国王查理・罗贝尔和波兰皮亚斯特王朝的伊丽莎白之子，他在位期间巩固了安茹王朝在匈牙利的统治权威。然而一件发生在匈牙利国土之外的事件让他束手束脚。

1345 年，他的弟弟安德拉在意大利阿韦尔萨被暗杀，幕后黑手可能就是其弟媳那不勒斯乔安娜女王。拉约什要求继承其弟爵位，率领强军入侵并占领那不勒斯王国 3 年。这一举动引起了支持乔安娜的教皇、法兰西和卢森堡王朝的反对。为了避免爆发国际冲突，拉约什及时撤离，但家庭间的友谊纽带就此中断。

在那不勒斯一事之后，匈牙利国王决定采取务实的政治方针，特别是竭力为本国提供海上通道。这一行动无疑是他留下来的最重要的遗产。因此，根据《扎达尔条约》（1358 年），他将从威尼斯人手中夺取的达尔马提亚纳入自己的王国——直到第一次世界大战结束这里都是匈牙利领土。拉约什一世继续在巴尔干半岛扩张，吞并了贝尔格莱德、保加利亚北部、波斯尼亚和瓦拉几亚。

最后，匈牙利国王将目光投向了由他的舅舅卡齐米日三世大帝（1333—1370年在位）统治的波兰。作为皮亚斯特王朝最后一位波兰统治者，卡齐米日三世是一位明智的政治家，做好了为政治和谐而牺牲自己理想的准备。因此，他于 1343 年与条顿骑士团签署了《卡利什条约》，放弃了对波美拉尼亚和库尔姆（波兰语：海乌姆诺）的所有权，结束了双方的战争。库尔姆这座曾被条顿人殖民的城市，曾是德国人的聚居地。出于同样的务实精神，卡齐米日三世大帝放弃了西里西亚领土，作为交换，波西米亚的约翰放弃继承波兰王位。

卡齐米日三世与匈牙利王国签订了继承协议，首先是于 1339 年与查理・罗贝尔签订第二份《维谢格拉德协定》，然后于 1355 年签订《布达条约》，他的外甥拉约什一世由此成为他的继承人。该协议在为波兰向东南扩张做准备的同时，保留了波西米亚的独立和自由。1370 年，卡齐米日三世驾崩，匈牙利国王拉约什一世加冕为波兰国王。至此，两个王国合并，直到 1382 年拉约什一世去世。

立陶宛人和条顿骑士团

“普鲁士之旅”（德语：Reise）自 1337 年风靡欧洲。普鲁士之旅是在暖冬进行的，那时温度还不算太低，沼泽地面被冻住了，因此可以在上面行走。伴随着百年战争而来的长期休战让西方贵族将目光投向遥远的立陶宛边境处的普鲁士地区。

普鲁士之旅不仅仅具有宗教和娱乐性质，其本身也对这些地区产生了深远的影响。事实上，条顿骑士团早在 14 世纪初就在马尔堡设立了总部，并在此安置了大量骑士从而凌驾于当地贵族之上。骑士团的大团长温里希・冯・克尼普罗德（1351—1382）从而吞并了从波美拉尼亚到爱沙尼亚的波罗的海沿岸国家。通过向普鲁士贫瘠地区安置德国人，并建立新城镇，骑士团的声望达到了顶峰。

同时，普鲁士之旅也伴随着捍卫基督教信仰的骑士行动，这主要是为了对抗立陶宛异教徒。双方都擅长游击战和破坏。当立陶宛人俘虏条顿骑士时，前者会将穿着盔甲的后者活活烧死；而骑士团这方也试图消灭立陶宛居民。骑士团的主要目标是征服萨莫吉提亚地区，特别是考那斯市，但他们足足花了 100 年才实现这一目标。这场可怕的斗争让立陶宛成为一个勇士民族。

威廉·退尔的传说

19世纪，瑞士联邦将威廉·退尔列为国家身份的象征。不过没有证据证明他是否真实存在。据传这位传奇人物于14世纪初生活在乌里州比格伦小镇。由于他不服权威，帝国总督要求他用弩箭射中放在他儿子头上的苹果。威廉·退尔虽然射中了苹果但还是被捕，因为他透露如果他没有射中苹果而错杀了自己的儿子，那么第二箭他就会射向总督。威廉·退尔在被送往监狱的途中逃出来，然后给总督设下埋伏。据传，这一行为引发了瑞士各州爆发反对哈布斯堡统治的起义。威廉·退尔成为瑞士人民争取自由的象征，许多作品都以他为题材（右图：威廉·退尔在阿尔多夫的雕像）。

抽签选举

作为合法和防御性的联盟，联盟条约由瑞士联邦的三个创始州——下瓦尔登州、施维茨州和乌里州的代表签署。1891年，联邦确立该条约为瑞士的建国证明（施维茨联邦博物馆）。

条顿骑士团、波兰、立陶宛和波罗的海沿岸

1291 年，在十字军最后一个堡垒阿卡城陷落后，条顿骑士团在普鲁士和一部分脱离波兰统治的波美拉尼亚领土上建立了一个修道院国家。条顿骑士团修道院国的统治范围扩大至波罗的海地区。这个拥有主权、独立于神圣帝国和教皇的强大公国由骑士团大团长和一个类似元老院的机构进行管理，元老院由骑士团资历最深的成员组成。

1309年，勃兰登堡藩侯瓦尔德玛一世以10000马克的价格将但泽市卖给了条顿骑士团。这一割让再次挑起了与波兰的冲突。同年，骑士团当局将总部从威尼斯迁往马尔堡。根据《卡利什条约》（1343年），骑士团承认波兰公国的存在，以及它对波美拉尼亚的封建权力（占有、开发和年金等）。但在1346年，丹麦国王以19000马克的价格将爱沙尼亚公国卖给骑士团，由此引发了条顿骑士团和波兰立陶宛联军的战争。条顿骑士团随后控制了从但泽到塔林的整个波罗的海沿岸。1410年7月15日，在鲁塞尼亚和鞑靼雇佣军的支持下，波兰瓦迪斯瓦夫二世和立陶宛大公维陶塔斯的联盟，在坦能堡战役中击溃了大团长乌尔里希·冯·容宁根的军团。骑士团的大多数领袖战死或被俘。波兰立陶宛联军取得了波罗的海沿岸的政治和军事统治权。

插图　建于14世纪的特拉凯城堡，位于立陶宛大公国前首都对面的岛屿之上。

立陶宛的伟大归功于格迪米纳斯大公（1316—1341年在位）。他开疆拓土、纵横捭阖，成为白鲁塞尼亚和小俄罗斯的统治者，其中小俄罗斯的边境一直延伸到维捷布斯克。立陶宛的扩张引发了它与所有邻国的冲突，波兰首当其冲。这些冲突在格迪米纳斯之子、自立为立陶宛皇帝的阿尔吉尔达斯（1330—1377）统治期间才得以平息。1352 年，他签署了过渡性的和平协议，据此，俄罗斯南部被一分为二：沃里尼亚属于立陶宛，加利西亚属于波兰。

波罗的海人 生活在波罗的海沿岸的人民在中世纪经历了许多冲突。为了摆脱条顿骑士团的控制，普鲁士联邦由此成立。立陶宛人和拉脱维亚人不得不反抗在该地区统治了两个多世纪的日耳曼人。

佩德罗一世时期的卡斯蒂利亚

法、英两国的敌对关系也影响着伊比利亚半岛的局势。由于教廷内部龃龉不合，阿维尼翁教皇对卡斯蒂利亚国王佩德罗一世常常持否定态度。对于教皇与卡斯蒂利亚君主不和，反而支持阿拉贡国王礼貌的佩德罗四世一事上，托莱多大主教吉尔·德阿尔伯诺斯负有主要责任。卡斯蒂利亚国王的私生活，尤其是与玛丽亚·德·帕迪拉私通——这并没有阻止她建立阿斯图迪略修道院并管理圣克莱女修会——助长了教皇对他的敌意。

恩里克二世和特拉斯塔马拉王朝的起源

特拉斯塔马拉的恩里克，阿方索十一世和其情妇莱昂诺尔·古兹曼所育九子之一，是其同父异母的兄弟卡斯蒂利亚的佩德罗一世的死敌。他的军事和政治生涯在两个佩德罗的战争背景下起步。

恩里克是诺雷尼亚伯国的继承人，这要归功于其父王的一位大臣，他对古兹曼家族忠心耿耿，帮助恩里克获得诺雷尼亚伯国（莱昂诺尔·古兹曼是莱昂国王阿方索十一世的曾孙女）。除此以外，恩里克父王还封他为加利西亚的特拉斯塔马拉伯爵，并授予他其他地区领土。因此，当阿方索十一世于1350年死于瘟疫时，恩里克已是一方巨头。合法王后葡萄牙的玛丽亚和她的儿子、王位继承人佩德罗一世对莱昂诺尔·古兹曼及其子女发动袭击，他们不得不逃亡。佩德罗和他母亲勾结，也可能是和他的老师胡安-阿尔方斯·德·阿尔布克尔克勾结，将恩里克的母亲斩首。恩里克随后与阿拉贡的佩德罗四世结盟，于是，卡斯蒂利亚的佩德罗一世下令暗杀他麾下十几名亲属和扈从。在这场所谓的两个佩德罗战争，即阿拉贡国王佩德罗与卡斯蒂利亚国王佩德罗针锋相对期间，恩里克支持阿拉贡国王，与佩德罗一世兄弟阋墙。

插图 特拉斯塔马拉的恩里克的加冕典礼，绘于15世纪下半叶的细密画，出自让·弗鲁瓦萨尔的《大事记》（大英图书馆，伦敦）。

在法兰西国王的影响下，教皇给卡斯蒂利亚的佩德罗一世施加压力，让他娶法国王室的姻亲、波旁的布朗歇。与法兰西的紧张关系拉近了卡斯蒂利亚与英格兰和纳瓦拉两国的距离，纳瓦拉国王卡洛斯二世是法国国王爱争吵的路易十世的外孙，曾是法国国王约翰二世的俘虏。但是，卡法两国国王针锋相对导致外交局面更加错综复杂，最终导致卡斯蒂利亚王室和阿拉贡王室之间关系恶化。

卡斯蒂利亚国王佩德罗一世从未原谅阿拉贡国王礼貌的佩德罗四世，后者在他镇压贵族叛乱

期间袖手旁观。卡斯蒂利亚王朝的家族分支也是两人针锋相对的原因之一。但征服撒丁岛一事才是引发两国开战的罪魁祸首。

为了维护本国在地中海的利益，阿拉贡联合王国干预了当时两个海上强国威尼斯共和国和热那亚共和国间的海上冲突。通过与威尼斯结盟，佩德罗四世事实上公开与热那亚为敌，而卡斯蒂利亚王国与热那亚长期保持着友好关系。在热那亚海军上将贝内代托·扎卡里亚时期，热那亚曾协助卡斯蒂利亚控制直布罗陀海峡并创建了一支海军。热那亚人和阿拉贡人进行了一系列的报复

卡斯蒂利亚的权力斗争

931年

卡斯蒂利亚的领主 费尔南多·冈萨雷斯统一卡斯蒂利亚领地，成为世袭伯国。

1230年

卡斯蒂利亚联合王国 圣费尔南多三世从其母亲那里继承卡斯蒂利亚国王王位，从他的父亲阿方索九世那里继承了莱昂国王王位。两国合并为卡斯蒂利亚王国。

1284年

与阿拉贡的冲突 卡斯蒂利亚的阿方索十世之子桑乔篡夺莱昂王权，这王位原本属于得到阿拉贡王国支持的阿方索·德·拉塞尔达王子。

1356—1369年

两个佩德罗的战争 阿方索十一世逝世引发了残酷者佩德罗一世和礼貌的佩德罗四世的战争。

1369—1516年

特拉斯塔马拉的出现 特拉斯塔马拉王朝获得伊比利亚半岛实权，统治卡斯蒂利亚、阿拉贡、纳瓦拉和那不勒斯。

1475—1479年

卡斯蒂利亚王位继承战争 卡斯蒂利亚的恩里克四世的女儿、特拉斯塔马拉的胡安娜一派和她姑妈伊莎贝尔（恩里克同父异母的妹妹）一派针锋相对。

和反报复，虽然不是大规模的冲突，但却加剧了两个王室之间的对立。

在这样的情况下，战争随时可能爆发。1356 年 8 月某个炎热的一天，当时加泰罗尼亚贵族弗朗西斯科·德·佩雷洛斯指挥的双桅战船袭击了加的斯港口对面的热那亚舰队，这一事件对当时的局势来说是火上浇油。前来视察金枪鱼捕捞的卡斯蒂利亚国王佩德罗一世（1350—1369 年在位）极有可能目睹了这场小规模的武装冲突。卡斯蒂利亚国王和弗朗西斯科·德·佩雷洛斯爆发争吵，据编年史家赫罗尼莫·苏里塔所言，这导致塞维利亚的加泰罗尼亚商人的货物被没收，也有其他消息称导致他们的货物被烧毁。

但真正利害攸关的并不是这些，而是伊比利亚半岛的统治权。由于两国各自维护自身的利益和主张，卡斯蒂利亚王国和阿拉贡王国两大强国之间的摩擦到了关键节点。骑士团的指挥、边境地区的放牧、国际联盟、毛里求斯王国政府的纷争、各自王室内部反对者对另一方的支持、热那亚对卡斯蒂利亚的支持，这一切——更不用说这两位君主难以相处的性格了——都导致了伊比利亚半岛两个王国之间关系的恶化，以及在 1356 年 8 月间战争一触即发的气氛。

两个佩德罗的战争

随后爆发的两个佩德罗战争影响了欧洲大部分地区。而且，英法两国的利益也受到波及，这一战争也因此成为百年战争不可分割的一部分。国家政权的巩固使得采用军事手段，即陆地或海上的公开战争，成为解决欧洲大国博弈中新争端的有效方法。卡斯蒂利亚和阿拉贡之间的冲突也不例外。它只是在伊比利亚半岛复制了欧洲大陆其他地方正在发生的事情。

所谓的两个佩德罗的战争也是两种不断发展的国家模式之间的冲突。阿拉贡王国，作为由经济发展红利联系的融合体，承载了城市精英从地中海贸易发展中获利的希望。至于卡斯蒂利亚王国，曾由阿方索十世建立的王室和贵族间的政治平衡出现波动。卡斯蒂利亚正在寻找销售羊毛的最佳方式，并努力建立国际联盟来促进落实这一目标。这两个王国以不同的方式思考社会团体的作用及其与经济生活的关系。于是，王权本质以两种不同的方式呈现出来。

阿拉贡和卡斯蒂利亚王国的两个佩德罗之间的战争持续了13年，中间还间或发生了其他一些重大事件，如1359年巴塞罗那海军袭击、攻占塔拉索纳、围攻瓦朗斯、教皇尝试调解、法国雇佣兵公司参与、阿拉贡国王首席顾问伯纳特·卡布雷拉失宠并在1364年被处决等。直到1369年，停战与和平协议也伴随着冲突出现。1361年的特雷尔和平协议和1363年的萨贡托和平协议一样，都在双方开战之前暂时平息了战火。

两个王国动用了所有的人力和财力来投入这场战争。由于阿拉贡王国财政结构薄弱，无法维持多条战线的武器供给，阿拉贡被推到破产边缘。由于在动员方面不及卡斯蒂利亚，又陷入其他冲突（撒丁岛战争，为保卫海岸与热那亚私掠船或穆斯林海盗作战），阿拉贡王国被迫变卖财产，负债累累。

在卡斯蒂利亚，战争刺激佩德罗一世去消灭他眼中所有的政敌。在他谋杀的人中，不乏王国的重要人物。这一拨无情的报复将卡斯蒂利亚国王的某些对手推到了他同父异母的兄弟特拉斯塔马拉的恩里克一边，并支持他登上王位。因此，对阿拉贡的战争逐渐演变成一场卡斯蒂利亚内战，敌对双方分别是佩德罗一世和特拉斯塔马拉伯爵的支持者。阿拉贡国王佩德罗四世支持特拉斯塔马拉的恩里克，认为后者最有能力结束这场让阿拉贡筋疲力尽的冲突。卡斯蒂利亚内战持续了整个14世纪60年代，直到特拉斯塔马拉的恩里克获胜，佩德罗一世阵亡才画上句号。

档案：黑死病灾害

欧洲在 14 世纪初发生的剧烈动荡标志着一个周期的结束，时移势易，经济形势也开始随之改变。瘟疫造成的破坏就是动荡之一。

始于 11 世纪的农业革命促进了人口和生产的增长。但欧洲在经历了多年增长后陷入了深刻的经济社会危机。通过不断开垦新土地、发展货币经济和促进贸易往来来提高人民生活质量这一观点此时已成为过去。欧洲这次经历的危机在许多方面与之前的危机大不相同。以摧枯拉朽之势横扫欧洲大陆的流行病和饥荒是这场危机的罪魁祸首。

流行病是这一危机时期特有的因素之一。过去几个世纪的农业所取得的进步实际上是靠人口的增长来维持的。随着人口增长，农民数量不断增加，他们开垦沼泽地区、耕种荒地，不去衡量在山坡和半沙漠地区等贫瘠地区定居的风险，因为在这些地区，他们劳作多收成差，往往事倍功半。

与此同时，领主课税和过去相比基本

《死亡的胜利》 左图，死亡之舞的主题在当时许多绘画和文学作品中都有体现。15 世纪壁画，作者不详（阿巴特利斯宫地区画廊，巴勒莫）。

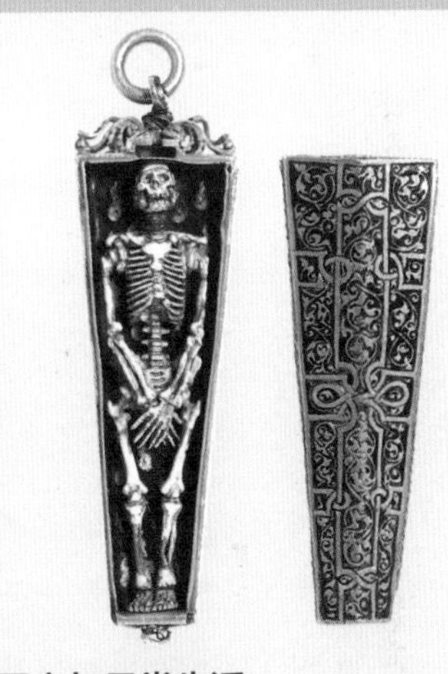

死亡与日常生活

在古希腊罗马时期，生死泾渭分明。这就是罗马墓地位于城镇外围马路旁的原因。然而，受殉道者崇拜的影响，基督教将生死这两个空间结合在一起。为了保存圣徒的遗物，人们首先将祭坛建在教堂内部。从6世纪中叶开始，人们在教堂石板地面下挖掘地下室，某些显赫人士死后被埋于此。墓地位于教堂围墙内。此外，据基督教信仰，死亡不是结束，而是灵魂通往永生的一段旅途，存在是为死亡做准备。因此，死亡占据了中世纪基督教社会日常生活的中心。

插图 “记住你终将一死”，16 世纪的垂饰（维多利亚与艾尔伯特博物馆，伦敦）。

没变，即使在收成欠佳的年份也是如此。城市人口持续增长，越来越依赖运送到城中市场的农产品。如果说其中有一些产品来自城市周边地区，但其他产品则是有时依靠船只从遥远的地方运来的，这些船只的载重增加了，但航行条件却越来越恶劣。

然而，这个复杂的供应系统似乎运作良好。通常情况下，当市场出现小型的运转失常时，修道院或城堡的粮仓储备会进行补救。但是，由于河运、海航和陆地贸易出现一系列困难，生产效率变得更低、生产周期延长，这让欧洲人措手不及。正是一系列意料之外的戏剧性事件造成了真正的人间灾难。

气候变化

14 世纪初，暴雨、冰雹和霜冻变得更加频繁。我们现在知道，在温暖时期和历史学家所称的“小冰期”的过渡时期就会出现这些气候现象。事实上，在 11 世纪至 13 世纪，当时欧洲冬季温暖夏季持久，气候异常温和稳定，农业也同步发展，从而促进了人口激增。

一些北部地区趁着 13 世纪这种特别温和的地中海式气候，开发了主要用于出口的谷物。那些在农村里无所事事的农民跑到城市碰运气，这在一定程度上扩大了城市需求，而城市需求的增加又极大地刺激了农业生产。

但在 14 世纪前后，四季循环发生逆转：夏天变得更短、更凉爽；冬天变得更冷。这种突然的气候变化迅速导致粮食歉收，恶劣的天气造成了饥荒。14 世纪的历史可以概括为一部人类与饥荒不断斗争的历史。1315 年至 1317 年发生在中欧和北欧大部分地区的大饥荒就是一个典型例子。

寒冬

1315 年春季，欧洲雨水肆虐，异于往常。在短短几个月里，田地里洪水泛滥、庄稼被毁，许多受灾的农民苦不堪言却又无能为力。盐成为稀缺物品，干草腐烂导致没有草料喂养家畜。在正常情况下，生产勉强可以满足不断扩大的社会需求。而从 1315 年到 1317 年，这片大陆经历的漫长冬季就像是致命的一刀。

虽然地中海部分地区躲过了气候灾难，但中欧和北欧却陷入了无法控制的旋涡。夏季雨水肆虐，摧毁了农作物，仅剩的收成只能满足国家一小部分人的需求。

据当年的记载和编年史的记录，尽管无法统计饥民的准确人数，但数字惊人。城市和农村都没能躲过这场灾难。受灾农民为了找口吃的纷纷涌向城市，而城市却往往无法应付这种大规模的迁移。在欧洲某些大城市，死者数以千计。

随着时间的流逝，这场灾难逐渐在集体想象中扎根。粮食歉收和短缺已经成为常态，大家忧心忡忡，但也司空见惯。因此，1315 年至 1317 年的大饥荒只是一系列"坏年月"的高潮。地中海地区最终也受到波及。加泰罗尼亚一些原始资料称 1333 年是第一个糟糕的年份（加泰罗尼亚语：lo m al a ny primer）。在接下来的 10 年里，卡斯蒂利亚和意大利等欧洲其他地区的饥荒接踵而至。

整个欧洲大陆上的所有社会阶层无一不受到农业衰退的影响。食品短缺导致价格上涨，尽管颁布了相关监管法律，也无济于事。政府加大税收力度，再加上几十年前建立的商业交换系统恶化，导致饥荒波及范围越来越广。在欧洲农村地区，1370 年的家庭数量比 1300 年少了一倍。

无法解释的疾病

1347 年，热那亚人在黑海沿岸的卡法殖民地受到蒙古人攻击后坐船出逃前往欧洲，对于船舱里有携带鼠疫杆菌的老鼠并被他们带到欧洲一事毫不知情。早在亚洲以致死闻名的黑死病，就这样袭击了欧洲。当时人口过剩、粮食短缺的欧洲被如此致命的流行病打得措手不及。

第一拨瘟疫，也因病人身上有黑斑被称为"黑死病"，仅仅 4 年内就在欧洲造成了数以百万计的受害者。没有人知道这个病的起源和它的传染路径。

没有人甚至医生也不知道要采取什么措施来根除它。除了对查士丁尼时期（540—541）发生的类似流行病的模糊提及之外，无知占了上风。巴黎医学院将瘟疫归因土星、木星和火星在水瓶座大合相。其他说法将其解释为彗星经过或火山异常活动带来的"空气污染"。

老鼠对于传染疾病的作用不为人所知（它是在 19 世纪末随着鼠疫耶尔森菌的

集体埋葬 瘟疫造成的高死亡率让集体坟墓的使用普遍化，因为当时人们还不知道火化可以更有效阻止流行病蔓延。上图：1349 年在图尔奈的集体墓葬（比利时皇家图书馆，布鲁塞尔）。

发现而被证实的）。啮齿动物携带这种疾病，又通过被感染的跳蚤叮咬传播给人类，这在当时无人知晓。疫情随即迅速蔓延开来，从地中海周围传播到法国、意大利和西班牙，到达德国和北欧，然后于 1352 年波及莫斯科。

这种疾病来势汹汹，典型性表现为腹股沟或腋窝突然出现淋巴结肿大，这是致命败血症的预兆。它无所不在，将死亡的形象刻在时人的脑海中，在几小时内就夺走了受害者的生命。

这种疾病的表现形式多样。最常见的是腺鼠疫，它攻击淋巴系统并导致患者最多在 5 天内死亡。还有就是肺炎鼠疫，患者咳出大量血液，不到两天就命丧黄泉。最后，如果鼠疫直接影响血液流动，它会引发败血症，并迅速导致患者在 24 小时

流行病的地理分布

1334年中亚暴发鼠疫，再从金帐汗国突厥-蒙古帝国传到热那亚在黑海的贸易城卡法。1347年，热那亚船只将鼠疫杆菌带到欧洲港口。1349年，整个地中海海岸被感染鼠疫。阿维尼翁自1348年初受到鼠疫感染。来这里朝圣教皇所在地的僧侣和朝圣者将病毒从这里传播到整个欧洲大陆。1348—1401年，阿拉贡前前后后遭遇九次流行病，丧失了一半人口。穆斯林领土也没能幸免于难。法国的人口失去了41%、马略卡岛的人口失去了80%、佛罗伦萨的人口失去了75%、维也纳的人口失去了30%、汉堡的人口失去了65%、英格兰的人口失去了50%—70%、西班牙的人口失去了30%—60%。鼠疫在5年内夺走了2500万名受害者的生命，占欧洲人口的30%—50%。1351年，第二次鼠疫大流行再次侵袭欧洲。

与黑死病强弱悬殊的较量

据说马、山羊和油的气味可能会驱赶跳蚤，所以除了马夫、牧羊人和油工因为身上带着这些味道没有感染鼠疫，其他人对鼠疫根本无能为力。几个世纪以来，唯一的办法就是向战役圣人圣洛克和圣塞巴斯蒂安祈祷，并寻找替罪羊。被指控传播鼠疫的犹太人、异教徒和麻风病人也因此在无数次大屠杀中惨遭屠杀或被绑在火刑柱上烧死。在16世纪之前，欧洲人不知道通过隔离来对抗疾病，没有消毒信件和硬币，没有将医院建在城外，也没有将尸体火化。诊治医生没有当逃兵，给病人治疗，但最终他们自己也是求神拜佛祈祷奇迹。他们采取的唯一治疗方法——徒劳无功——只有放血和通便。他们用一个奇怪的鸟头状面具来保护自己，认为它可以过滤空气。

插图 右侧，《圣塞巴斯蒂安帮助一名患鼠疫的妇女》，位于兰斯勒维拉德的圣塞巴斯蒂安教堂的壁画（莫列讷）；左侧，用于药物制剂的研钵，15世纪至16世纪（菲茨威廉博物馆，剑桥）。

内死亡。

疫情一经证实，欧洲就变成了一幅但丁式的画卷。人们不得不学会跟一种极具致病性和毒性的疾病共存，这种疾病悄无声息地播下了恐惧和死亡的种子，无人知晓原因。一些村庄不复存在，甚至没有留下一个活口。在农村，收割季节来了但缺乏人手，之前开荒的农田于是再次荒废。据估计，鼠疫导致欧洲大陆四分之一到三分之一以上的人口死亡。

❶ **疾病** 人体感染鼠疫后有三种不同表现形式：腺鼠疫、肺鼠疫（或肺炎）和鼠疫败血症。第一种是通过寄生在老鼠身上的跳蚤（印度鼠蚤和具带角叶蚤这两个物种，也是家畜的寄生虫）的叮咬传播。第二种是最具传染性的，它通过患者呼吸的空气进行传播。鼠疫杆菌同时侵入全身后就会出现鼠疫败血症，表现为弥漫性出血和神经系统症状。

❷ **症状** 腺鼠疫得名于淋巴结发炎引起的颈部、腋窝和腹股沟淋巴结肿大。潜伏期结束后，淋巴结肿大到一个鸡蛋大小。如果没有适当的治疗，则会发展为败血症，患者会在一周内死亡。肺鼠疫表现为黏液血痰。在这种情况下，患者在出现第一次咳血后的两三天内就会死亡。

❸ **医生和治疗** 医生通过放血和泻药来实施治疗。此类治疗只会让患者更加虚弱，加速病情恶化。外科医生和理发师（当时理发师行业也有施行外科手术资格）用解剖刀刺穿淋巴结炎，之后再用一滴沸油烧灼它们。预防性补救措施包括烧卷心菜茎、木瓜皮、熏香或其他芳香物质来制造带有芬芳香味的烟雾。

❹ **死亡预兆** 在鼠疫的三个表现形式中，患者在生命最后几个小时内全身皮肤都会出现黑色或紫色淤斑，“黑死病”这一别名也由此而来。有时，患者皮肤颜色没有变化，而是出现淋巴结炎溃疡，然后病情缓解，溃疡自愈，这提供了相对和有限的免疫。鼠疫感染了30%—50%的欧洲人口。大约60%的感染者因此丧生。

灾难之后

饥荒和瘟疫的流行不仅导致人口骤减，也给政治、社会、财政、文化、精神和宗教方面带来了变化。因此，死亡率的增加导致社会向上流动性增加。社会各个阶层的人口死亡导致财富大规模流动。土地和财产集中在少数幸存的所有者手中，他们从遗产和新的人口现实中获利。

相较于繁荣时期，金钱在这时的流动速度更快。继承了意外财富的幸存者们开始奢侈消费。奢华的艺术和手工艺，如金匠，成为一种姑息疗法或消除悲剧的灵丹妙药。社会划分并没有消失，但差异逐渐减少。被疾病蹂躏的家庭重组。结婚率明显上升，幸存者将不幸的亲戚迎回家中，形成了新的多重的家庭关系。

流行病导致人口骤减，各州政府也因此受到沉重打击。虽然它们比以往任何时候都更需大量税收，但大部分税收来源已经随着人口减少消失殆尽。然而，尽管公共卫生状况岌岌可危，欧洲大陆仍处于武装冲突的边缘，百年战争刚刚开始，其后果也初露端倪。

人口减少也孕育了其他引起潜在冲突的根源。在农村，废弃的村庄引发了地主和农民之间的激烈冲突，农民想要占领因农场主去世而闲置无主的农场，逃避封建税收。在城市，工资和工作条件明显迅速的改善体现了劳动力短缺。欧洲的各个方面都在发生变化。伴随着疫情的起起落落，游戏规则也在不断改变。

死亡面前众生平等

黑死病深刻地改变了集体想象。在那之前，死亡是一个抽象的、非个人的概念，如今它已击中了欧洲大陆的心脏，并用成堆的尸体压垮了它。没有人会对这种新的、可感知的和具体化的现象带来的破坏无动于衷。骷髅成为绘画中反复出现的图案。艺术作品中无处不在的瘦骨嶙峋的躯体承载着这样的信息：记住你终将一死（拉丁语：Memento mori）。

在欧洲大部分地区常见的“死亡之舞”这一艺术表现形式体现了这种痴迷。这些作品用可识别的符号将死亡拟人化。在死亡面前，不分性别、不分阶级、不论贫富强弱，所有人都被判处共同的命运。诗人们用这句“权贵今何在？”（拉丁语：Ubi sunt？）一再追问。死亡之舞带走了国王和主教，也带走了铁匠和面包师，它一视同仁，提醒人们在死亡和它所引发的恐惧面前，众生平等。这种跨越社会阶层的死亡意识与对生命的赞扬齐头并进。

然而，14 世纪至 15 世纪席卷欧洲的大饥荒和各种流行病并不是这场灾难的真正原因。它们找到了一个理想之地来扩大影响，这片大陆人口过剩、供不应求，资源不能满足所有人的需要。因此，它们有助于创建一个新的经济舞台，重新建立权力关系和社会行为的平衡。这些转变宣布了一个新的、与之前截然不同的世界得到重建。

在 14 世纪的后 30 多年，整个欧洲大陆的经济明显得到复苏。重建 12 世纪和 13 世纪发展起来的基础设施势在必行。农民在社会中发挥了更重要的作用。人们开垦了新的田地，并在这里和城市周边种植谷物，提供给佛兰德和佛罗伦萨纺织车间的牛肉、羊肉以及羊毛的产量也有所增加。

阿维尼翁的教皇住所

阿维尼翁的教皇住所。马泰奥·乔瓦内蒂为阿维尼翁第四任教皇克雷芒六世的书房所创作的壁画。

插图（右侧） 羊毛批发商的纹章，佛罗伦萨圣弥额尔教堂。

经济危机和起义

在经历了黑死病和百年战争这段黑暗时期之后，欧洲力图重新建设一个更加稳定的政治、社会和经济空间。但教会分裂初现、农民起义爆发和王国财政困难让重建举步维艰。而奥斯曼土耳其人攻打巴尔干地区毫不留情，也削弱了东欧各国的实力。

在但丁看来，教皇和神圣帝国是两个太阳，它们博施济众，照亮了整个世界。这一说法也许在14世纪中叶前的几十年成立。但在那时，教廷和神圣帝国的皇权一样已经走上下坡路，声望可谓一落千丈。教权与神圣帝国的皇权对立，陷入了无休止的争斗，这是一个重要原因。此外，其他欧洲国家实力与日俱增，其意识形态特点在于不再有普世主义话语的论点。

在神圣罗马帝国，国王选举制度存在严重问题。几起双重选举事件严重损害了选举制度的稳定性和威望。各大派系龃龉不合、争权夺利，有时甚至导致皇位悬空。因此，必须要彻底改革皇帝任命模式。世界正在重建，知识界涌动着新思潮，要适应这些变化，必须重新审视帝国的概念、特权、权力的起源和角色。

神圣罗马帝国皇帝查理四世（1355—1378 年在位）是卢森堡王室成员，又从母亲那里继承了波西米亚王位，正是他实施了当时尚在酝酿中的神圣帝国改革。他推行的选举模式践行了几百多年，并确保了皇位的连续性。

查理四世和《金玺诏书》

1356 年，也就是查理四世在罗马加冕的次年，帝国司法部颁布了一部法律文本，因加盖皇帝金玺，又被称为《金玺诏书》。该文本记录了神圣帝国的基本法律，特别是罗马人民的国王——未来皇帝在加冕前的头衔的选举方式。

《金玺诏书》特别规定了选举团的成员构成，即波西米亚国王、莱茵–普法尔茨伯爵、萨克森公爵、勃兰登堡藩爵、美因茨总教区大主教、特里尔总教区大主教和科隆总教区大主教。这七位选帝侯（德语：Kurfürsten）选举新皇帝的投票具有法律价值。教皇的批准不再是必需项，这也最终将帝国从意大利教宗事务中剥离出来。自此，加冕典礼按规在法兰克福和亚琛举行。

选帝侯这一职位和领地相关，而且不可分割只由长子一人继承。选帝侯是各公国的君主，因为他们所有臣民都完全听从他们的审判，而不必上诉到上级法院（拉丁语：non evocando）。他们形成了一个与其他公国截然不同的寡头政治，让人眼红。

《金玺诏书》的颁布标志着神圣罗马帝国普世主义政策的终结。皇帝的权力只覆盖到德国范围和统治家族的领地领土，例如卢森堡、维特尔斯巴赫和哈布斯堡王朝。帝国的政治重心也因此从意大利向东转移。

查理四世统治方针变化最生动的例证便是布拉格在他的统治下达到鼎盛时期。他是一位缔造者，在位期间修建了圣维特主教座堂和著名的查理大桥，从而将老城和布拉格城堡连接起来。他还创立了布拉格新城和中欧第一所大学，后来该学府以他的名字命名。作为一位开明的赞助人，查理四世将欧洲各地的艺术家，尤其是法

贵族的权力与骑士团的扩大

在中世纪末期的欧洲，贵族再次巩固了他们在社会中举足轻重的地位。例如，比伯爵级别更高的公爵头衔于1337年首度出现在英国。40年后，英国又从法国传入侯爵这一头衔。贵族，尤其是骑士纷纷想要高官显爵。还有什么比一个头衔更能表明一个人是国王核心圈子的成员呢？

贵族在最初几个军事骑士团的基础上变得更加等级化。1348年，英国创立嘉德骑士团，成员仅限于国王爱德华三世、其子黑太子和12名贵族。随后，它还吸纳英国皇室以及外国的男女骑士，即所谓的“编外”成员。作为回击，法国创建了星骑士团（1351年），勃艮第公国创建了金羊毛骑士团（1430年）。这些骑士团与十字军东征期间创建的骑士团不同之处在于其世俗的特征和成员的选择，其成员无一例外都是知名人士。

插图 坎特伯雷大教堂的黑太子卧像。

查理大桥

布拉格在查理四世的统治下盛极一时。在查理四世的城市化项目中，他计划建造一座跨越伏尔塔瓦河的桥梁来连接分别位于两岸的城堡。以君主命名的这一座桥梁取代了之前建于 12 世纪、又在 1342 年被洪水毁坏的桥梁。

插图 连接布拉格小城和布拉格老城的查理大桥，其入口是一座哥特式塔楼。

国和意大利籍艺术家引进布拉格。意大利诗人彼特拉克在这座城市旅居后写道：“从未发现有比皇宫人文主义气息更浓厚、比皇帝核心圈子举止更加文明的地方。”

在查理四世的统治下，布拉格光芒四射，这说明神圣帝国政府正在发生变化，它现在更多地与地方君主的领土和权力联系在一起，而不是像以前那样渴望世界霸权。查理四世生在布拉格，死在布拉格，生前他先后买下了维特尔斯巴赫家族最重要的领土勃兰登堡和西里西亚，从而逐渐开始了这些地区的德国化过程。

黑太子在法国

威尔士的爱德华，即爱德华三世的长子、英格兰王位的继承人，因其所穿戴盔甲的颜色也被称为“黑太子”。1356 年春天，他离开了位于吉耶纳的波尔多宫廷，率领 6000 名身经百战的士兵（由约翰·钱多斯等著名指挥官指挥）挥军北上，在法兰西王国边界进行“骑行劫掠行动”（该术语用来指百年战争期间英国在法国领土上的军事行动）。他的目的简单明了：占领几个据点，劫掠沿途村庄，用武力展示英国骑兵的绝对优势。

黑太子的毁灭性袭击是百年战争的决定性事件之一。法国国王约翰二世认为这是挑衅，必须予以回击。他召集朝臣，组建强军，讨伐在法劫掠数月又回到吉耶纳的英军。约翰二世在图尔和普瓦捷中间地段追上盎格鲁-加斯康军，几个世纪前，卡洛·马特罗几乎沿着相同的路线来到这里迎击阿拉伯和柏柏尔军队。

法国国王向对手提议进行对阵战。尽管法军在兵力和武器方面都有优势，但黑太子为遵守骑士守则的要求依然接受了这一挑战。所谓的普瓦捷战役于 1356 年 9 月 19 日爆发。法国大贵族和欧洲骑士界的领军人物率领的重骑兵威风凛凛，预示着法军将轻而易举获得胜利。

然而，约翰二世并不像他的对手那样运筹帷幄。黑太子借鉴其父在 1346 年克雷西一战的成功策略，命令骑兵下马，与弓箭手一起抵抗法军一轮又一轮的冲锋。突然，黑太子注意到敌军阵形已乱，于是他命令骑兵再次上马，亲自率领骑军进攻法军主力部队。在这次大胆行动中，英国太子成功俘虏了约翰二世国王。英国老兵再一次以少胜多，击败了猖狂的法国骑兵。

经普瓦捷一战，法军近一半被歼灭，任由一支耽于战争的大兵们摆布。后来，这些盎格鲁-加斯康士兵和雇佣兵重新集结起来，为雇用他们的王子和君主服务。国王约翰二世被监禁在英格兰是对法国君主制度的一次重大打击，它试图补救普瓦捷战败和英军抢劫带来的后果。摄政王查理，即约翰二世的长子和未来的国王查理五世，召开三级会议筹集资金，改革王国政府并对全国各地军人的暴力行为进行管制。

1356 年的普瓦捷战役：以少胜多的胜利

因为在人数上不占优势，威尔士的爱德华试图规避战争。红衣主教德塔列朗-佩里戈尔，即教皇意诺增爵六世特使，是英法两个阵营的调解人，他在两方阵营斡旋，提议盎格鲁-加斯康军队归还掠夺的战利品。黑太子甚至提出 7 年内不再对法兰西王国使用武力。英方提出如此大方的条件让法国国王对法国军事优势信心满满。他胜券在握，拒绝了英国的提议，决定开战。

因为地形崎岖不平，间或有树篱，约翰二世决定步行进攻。然而，法国骑兵先锋队的两位指挥官克莱蒙和奥德雷海姆却倾向另外不同的战术。两位骑兵军官带兵一起冲锋。事实证明，这一举动为时过早。法国骑兵在奥德雷海姆的指挥下试图在一条路上发动袭击，但却被埋伏在树篱后的威尔士弓箭手歼灭。新一轮冲锋的骑兵受到盎格鲁-加斯康军队的钳制，后者骑兵下马，改步行用长枪，这给法国骑兵布下致命陷阱。这样，英军箭如雨发，刺破法军的铠甲，后者被困在这无法逾越的篱笆脚下，试图攻下这座山丘。后来，法国士兵开始四散溃逃。国王约翰二世在一小群人的保护下留在战场上继续战斗，最终被英军所俘。

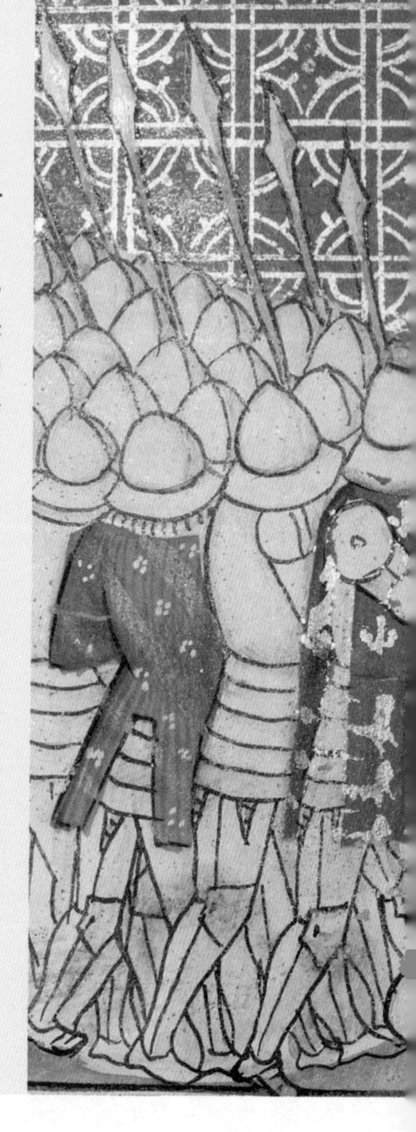

插图 普瓦捷战役中约翰二世国王被俘的细密画，出自让·弗鲁瓦萨尔的《大事记》（贝桑松市立图书馆）。

然而，普瓦捷战役大败沉重打击了法国贵族的军事威望。骑士们遭到尖锐批评，被指责无法保护国王。诸如《普瓦捷战役悲歌》之类的小册子在法国发行传播。它们指责在普瓦捷败北的贵族没有纪律、性格软弱，因为当国王被俘时，有些人面对英军落荒而逃。这些针对贵族的批评在札克雷暴动中发挥了重要作用。普瓦捷战败也促使法国皇室在 14 世纪下半叶签订《布勒丁尼条约》之后重整军队，反思军事战略。

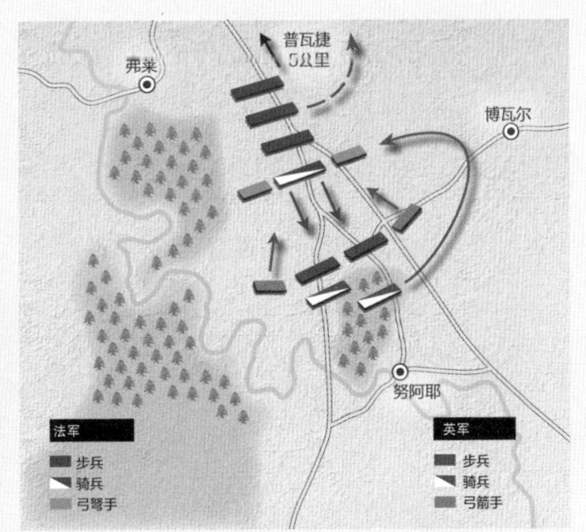

战场　法国人在战场下游集结了15000名士兵，布置了四条防线。第一条防线由弩兵、骑兵和长枪兵组成，其目标是攻击英国弓箭手。第一条防线后部署了三个步兵营（步行骑士）。英军占领了努阿耶山丘一处阵地，此处树木繁茂，背靠森林。英军骑兵右翼藏在树后。英国骑兵按令下马，组成三个步兵部队，两翼配有弓箭手。在奥尔良公爵指挥下的法国第二步兵部队节节败退。藏在树林里的英国骑兵随后蜂拥而至，突袭了法军侧翼和后卫。

《布勒丁尼条约》

普瓦捷战败、国王约翰二世被囚英格兰、札克雷暴动（农民起义）和纳瓦拉国王恶棍卡洛斯（其母胡安娜是法国国王爱争吵的路易十世之女）阴谋篡夺王位，这些都导致法国社会的混乱局面。1359 年 11 月，英格兰国王爱德华三世率领大军再次谋求法兰西王位。他胜券在握，离开加莱来到兰斯，希望在那里加冕。

但在那些动荡不安的岁月里，法国出现了一种新型的军事指挥官。来自布列塔尼的小贵族、曾为法国国王效力的贝特朗·杜·盖克兰骑士便是其中最成功的化身。他独创了一个明智的军事战略：一方面不断地骚扰英国君主但不直接与他正面作战；另一方面永远不要交还艰难征服来的要塞。因此，爱德华三世的大军在兰斯前铩羽而归。令人惊讶的是，英军掠夺并围攻巴黎，但兵力损失愈加惨重，英国这次远征最终以失败告终。

随后，教皇意诺增爵六世向法、英两国建议双方商谈和平协议。据 1360 年 5 月在沙特尔附近的一个小村庄布勒丁尼起草的条约，双方同意降低各自要求。除了之前的属地阿基坦，爱德华三世从法国手中获得普瓦图、桑通日、拉罗谢尔市、佩里戈尔、利穆赞以及西北部的蓬蒂厄郡和吉讷郡、加莱市及其周边地区。法国近三分之一的领土掌握在英国手中。作为交换，爱德华三世明确放弃法国王位，并以 300 万克朗的赎金释放国王好人约翰。

1360 年 10 月 24 日，两国在加莱签署条约，英国释放法国国王。在这之后，显而易见的便是条约不会得到遵守。法国法学家在条约文本中引入了一些微妙言辞，以推迟放弃移交给英国的领土的主权。至于赎金，法国从来没有支付给英国，至少没有全额支付。约翰二世死后，他的儿子查理五世（1364—1380 年在位）即位后的一部分时间都用于结束雇佣军曾经的蹂躏，并通过政治手段收复其父在战场上失去的领土。

西方大分裂

1377 年，教皇官邸从阿维尼翁转移到罗马。1378 年，法国最后一位教皇额我略十一世去世时，罗马教廷和绝大多数罗马人要求选举一位意大利籍主教。红衣主教们草率地任命了来自那不勒斯的巴里大主教巴尔多禄茂·普里尼亚诺。1378 年 4 月，他当选为罗马教皇，以乌尔巴诺六世的名义即位。

新教皇甫一即位，便进行专制改革，这激起了众多红衣主教的敌意，特别是逃往罗马东南部阿纳尼的 12 名法国红衣主教们。他们在那不勒斯王国的丰迪会面，宣布此前教皇选举结果无效，并自行从他们 12 人中选出了一名对立教皇：红衣主教日内瓦的罗贝尔，称克雷芒七世。

法国新教皇决定在阿维尼翁新建官邸。有暗杀其夫嫌疑的那不勒斯乔安娜女王和法国王室迅速承认法国新教皇的合法性。其他许多国家也拥戴克雷芒七世，包括萨瓦、苏格兰、卡斯蒂利亚、阿拉贡和纳瓦拉。神圣帝国、英格兰、丹麦、瑞典、匈牙利和波兰仍然效忠于乌尔巴诺六世。这种对立教皇给整个基督教世界播下混乱的种子，是西方教会大分裂的起源。

多年来，关于乌尔巴诺六世选举的有效性一直是热议的话题。他于 1389 年去世，这本可以是重建教会联盟的契机，但罗马红衣主教们迅速选举了那不勒斯的红衣主教，后者以博尼法爵九世的名义即位。法国人则在 1394 年克雷芒七世去世后，任命亚维农系红衣主教佩德罗・德・鲁纳以本笃十三世名义继任，他是克雷芒七世合法性的热情捍卫者。在之后的选举中也是如此。

阿维尼翁和罗马都有自己的教皇，两位教皇势均力敌，谁都没有明显占上风。尽管他们在教义争论上没有受到真正的反对，但两位教皇各自宣称合法，并指责对方篡位。在这场冲突中，他们动用了所有能用的教会武器，彼此互相诅咒。这个想法萌发了：既然可以有两个教皇，那么也很可能有 10 个或 12 个教皇。换句话说，每个国家都可以有自己的教皇。这是对教会普世性的质疑。

当然，教义问题和政治冲突掩盖了纯粹的经济利益。通过教会什一税和十字军东征，教廷积累了巨额财富，又得益于 14 世纪教皇财政的重组，财源更是滚滚而来。无论是在阿维尼翁还是在罗马，教会都增添了新的收入来源，特别是通过基金会（拉丁语：Gratiae expectativae），也就是说，空缺的教士职位带来的收益由教皇议会进行管理。

虽然裙带关系影响了教廷，但分裂有利于促进教派和教会群体的出现，从而表明官方教会不再满足大多数人的宗教愿望。

阿维尼翁教皇宫的建造

阿维尼翁教皇宫是哥特式风格盛行时期所建的第四大宫殿。它既是军事碉堡，也是座教皇宫殿，在14世纪成为西方天主教教皇官邸。在克雷芒五世任期内，教皇官邸从罗马搬到罗讷河岸。1305年佩鲁贾教皇选举会上，克雷芒五世在法国国王腓力四世授意下当选为教皇。克雷芒五世上任后作出的第一个决定便是任命了9位听从法国皇室旨意的红衣主教。1306年，克雷芒五世废除之前宣布法国国王国库没收教会财产无效的教会判决以及腓力四世的死敌卜尼法斯八世颁布的谕旨。1309年，他选择阿维尼翁作为教廷所在地。教皇宫分两期建成。在本笃十二世（1334—1342）任内，先是在岩石嶙峋的山顶建了一座堡垒。之后，克雷芒六世（1342—1352）新建官邸并命名为新教皇宫。这一建筑群及其丰富的装饰是法国最优秀的建筑师皮埃尔·佩松、让·德·鲁夫以及锡耶纳画派最杰出的壁画家西蒙娜·马蒂尼、马泰奥·乔瓦内蒂薪火相传、共同创作的作品。教廷迁回罗马后，阿维尼翁的教皇宫成为教皇特使的官邸，之后又在法国大革命期间被改造成军营。

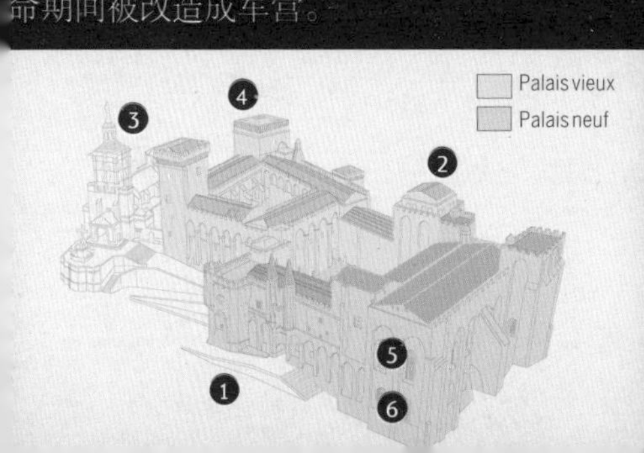

① 入口　入口位于西立面，两侧各矗立着一座尖顶塔楼。西立面由一系列带有突堞的拱门组成，突堞高达15米，并有一条雉堞通道，其后竖立一堵高墙，连接着另一条雉堞通道。

② 天使塔楼或教皇塔楼　教皇塔楼位于老教皇宫，其城墙厚达3米。这座建于本笃十二世任内的建筑更像一座坚固的堡垒，而不是一座富丽堂皇的教廷。事实上，教皇与巴伐利亚皇帝路易四世不和，害怕遭到后者的报复。

③ 阿维尼翁　阿维尼翁大教皇官邸。这座罗旺斯地区的筑始建于1150造新、老教皇这座教堂也得其侧面新添了它的最后一次追溯到17世纪

绘画和壁画

教皇官邸墙壁上的大型壁画于1338年7月完工。红衣主教贾科莫·斯特凡内斯基请来了当时锡耶纳画派最伟大的大师西蒙娜·马蒂尼。这位艺术家和他的妻子在阿维尼翁定居，他不仅满足于装饰宫殿，还装饰了阿维尼翁主教座堂的门廊。不久之后，他在阿维尼翁去世。他的学生马泰奥·乔瓦内蒂继续他未竟的事业，并居中协调其他来自欧洲不同城市的画家的作品。

插图　马泰奥·乔瓦内蒂为教皇官邸的圣马夏尔礼拜堂创作的壁画细部图（1345年）。

教皇本笃十二世的石棺　本笃十二世在1327年被任命为红衣主教，并于1334年当选为教皇。这种大理石浅浮雕描绘了众多灵魂，包括僧侣、祭司和使徒的集会，他们看守着第一座教皇宫殿的建造者前往来世的通道。

鲁亚斯塔　特鲁塔坐落在教皇宫的角，底层台基坚两边边长分别长达和17米，高达52它是北面主要防御，该塔于1346年完随着新教皇宫的建的建筑总面积达到平方米。

❺ 克莱门汀礼拜堂　克莱门汀礼拜堂，又称“大礼拜堂”，建于克雷芒六世时期。教皇在这里聆听纪尧姆·德·马肖的《圣母弥撒曲》和教皇宫廷成员、音乐理论家菲利普·德·维特里编撰的“新艺术”音乐作品。

❻ 拜见大厅　拜见大厅始建于1345年，这是一个巨大的礼仪大厅，墙壁上装饰许多带有动植物图案的雕塑以及壁画。它庄严朴素，与本笃十二世宫殿大厅形成鲜明对比。侧边的常客住所也于同期完工。

阿维尼翁和比萨的对立教皇

1378—1394年

克雷芒七世 红衣主教日内瓦的罗贝尔是乌尔巴诺六世任内第一位阿维尼翁对立教皇。教会大分裂由此拉开序幕。

1394—1423年

本笃十三世 原名佩德罗·德·鲁纳，是亚维农系对立教皇，为阿拉贡国王费尔南多一世在西西里和撒丁岛提供保护。

1409—1410年

亚历山大五世 亚历山大五世是比萨系对立教皇，原名彼得罗·菲拉吉斯，是比萨教会分裂的大公会议上选出的第一位对立教皇。他可能死于中毒。

1410—1415年

若望二十三世 原名巴尔达萨雷·科萨，他可能毒死了亚历山大五世，并继任对立教皇。

1423—1429年

克雷芒八世 原名依玻里多·阿尔多布兰迪尼，是阿维尼翁的第三位亚维农系对立教皇。阿拉贡的阿方索五世在与罗马教廷谈判后，让他退位。

1425—1437年

最后的对立教皇 贝朗特·加尼叶和让·卡里尔都以本笃十四世名义担任对立教皇。

卡斯蒂利亚和欧洲：纳赫拉战役

1367年的纳赫拉战役是卡斯蒂利亚内战的一次决定性战役。佩德罗一世得到英军支援，麾下有8000名步兵和5500名弓箭手。特拉斯塔马拉的恩里克得到贝特朗·杜·盖克兰支援，二人对麾下骑兵充满信心。

特拉斯塔马拉的恩里克的右翼部队由贝特朗·杜·盖克兰指挥，佩德罗一世的左翼部队由兰开斯特公爵冈特的约翰指挥，双方兵戎相见。英军后撤，恩里克麾下的雇佣兵和轻骑兵紧追不舍。盎格鲁-加斯康一组英军冲进缺口，从后方发动袭击，特拉斯塔马拉的左翼部队落荒而逃。与此同时，兰开斯特公爵和约翰·钱多斯上尉的军队，转退为攻，钳制法军和恩里克。恩里克的军队不得不向纳赫拉撤退。战况激烈又有河流天堑，2000名逃兵为此丧生，他们有人死于刀光血影，有人溺水而亡或被逼到河岸和峡谷无路可逃。只有特拉斯塔马拉的恩里克死里逃生。

插图 纳赫拉战役，让·弗鲁瓦萨尔的《大事记》的细密画（贝桑松市立图书馆）。

伊比利亚半岛的战争

对于英、法两国来说，卡斯蒂利亚国王佩德罗一世和他同父异母的兄弟特拉斯塔马拉的恩里克之间的争端是他们将冲突转移到伊比利亚半岛的一次良机。这两位同父异母的对手为卡斯蒂利亚王位之争做了很多准备，首先是一支强大的舰队。这支舰队由热那亚海军上将贝内代托·扎卡里亚和乌戈·文托指挥，远超英国或法国能够组建的舰队。

因此，国王的支持保证了卡斯蒂利亚海上交通的统治地位，从而从羊毛贸易中获利，而卡斯蒂利亚美利奴羊毛对弗拉芒纺织业的发展也是至关重要

的。其中利害也导致两位战将：英格兰骑士精神的化身黑太子和自由佣兵团团长贝特朗·杜·盖克兰的加入。黑太子支持佩德罗一世，贝特朗·杜·盖克兰支持恩里克，后者意图继承卡斯蒂利亚王位为两位战将干预伊比利亚半岛敞开了大门。

特拉斯塔马拉的恩里克与法国和阿拉贡结盟，于 1366 年 3 月入侵卡斯蒂利亚。他在卡拉奥拉自立为王，并在短短几天内赢得了卡斯蒂利亚王国大部分城市的支持。与此同时，卡斯蒂利亚的佩德罗一世被迫出逃。几经辗转，他来到巴约讷避难，并在这里得到了黑太子等人的支援。1367 年初，他越过

残酷者佩德罗一世

卡斯蒂利亚的佩德罗一世墓前跪祷像，其对手称之为残酷者，其拥趸称之为司法者（马德里国立考古博物馆）。

比利牛斯山与恩里克兵戎相见，坚信只有来一场对战才能重夺王位。

1367 年 4 月 3 日，两军在拉里奥哈的纳赫拉会师。继克雷西和普瓦捷战役之后，这是第三次证明传统的战斗战术对英国弓箭手无效。尽管在数量和声誉上均占优势，法国骑兵再一次倒在了英军的箭矢下。当天傍晚胜败已分。贝特朗・杜・盖克兰被英军俘虏，特拉斯塔马拉的恩里克战死的谣言也沸沸扬扬传播开来。

佩德罗一世在纳赫拉一战中获胜意味着他重返王位，也标志着对政敌的报复即将开始。然而，这一战并没有结束卡斯蒂利亚的权力争斗。佩德罗一世拒绝支付已然约定好的支援酬金，这让黑太子勃然大怒，退兵阿基坦，让卡斯蒂利亚国王独自面对自己的命运。冲突在两年后结束。在蒙铁尔城堡的阴影下，特拉斯塔马拉的恩里克战胜了同父异母的兄弟，取得了决定性的胜利。后来的传说将这一结局改成了悲剧：恩里克在贝特朗・杜・盖克兰的帮助下杀死了佩德罗一世。在特拉斯塔马拉王朝的统治下，卡斯蒂利亚王国进入了崭新的历史时期。

自由雇佣兵团

英、法两国的冲突以前所未有的方式将战火蔓延向欧洲。旷日持久的战争导致交战地区陷入混乱无序之中。各地领土迅速易主。战火不断，这需要动员所有会用武器的人。对于那些直接或间接靠战争为生的人来说是天赐良机。雇佣兵为钱卖命，报酬解释了他们冒着生命危险上战场这一行为，雇佣军的使用变得合理，也普及开来。

佣兵团利用军事需求和战争环境在时局中扮演了至关重要的角色。他们被称为“自由雇佣兵团”，在百年战争的重要节点声名鹊起，活跃在战场内外。他们中的一些领导人也名声大噪，例如自由雇佣兵团的首领法国人贝特朗・杜・盖克兰，又如英国人于格・卡尔弗利和约翰・霍克伍德。

对于参战的君主们来说，实践证明这些自由雇佣兵团大大克服了封建招募制度的缺点。但另一方面，自由雇佣兵团不受他们管控。这些战士如无根浮萍，在战场上幸存下来后就放纵自己，然后开始打家劫舍、敲诈勒索。法国的村落、勃艮第的土地和阿维尼翁教皇的产业都没有逃过他们的魔爪。

率领雇佣兵团在欧洲大陆上与英军作战的贝特朗·杜·盖克兰是14世纪中期法国杰出冒险家的代表。他首创的进攻和游击战术在诺曼底和布列塔尼战场上获得成功，为他赢得了伟大战士和优秀战略家的声誉，也赢得了“布劳赛良德的猎犬”的绰号。

特拉斯塔马拉的恩里克雇用自由雇佣兵团为自己与佩德罗一世的卡斯蒂利亚王位之战服务，为此他支付了20万金弗罗林。付完这笔钱后，却有一大部分佣兵甚至在还没参战前就被解雇了。然而，在核心部队保护下，贝特朗·杜·盖克兰仍然与特拉斯塔马拉的恩里克一起留在伊比利亚半岛，并参与了一系列小规模冲突，最终引发蒙铁尔战役的爆发。

英国人约翰·霍克伍德（英语：John Hawkwood）代表了雇佣兵团的专业化。他是第一个签订佣兵合约（意大利语：condotta）之人，也就是说在公证人面前签署的协议，这种做法影响了几个世纪的军事生活，并创建了雇佣兵的形象。他参加了百年战争，为英格兰国王爱德华三世服务，在骑行劫掠行动穿越法国，然后他在机会来临时抓住时机创建了自己的雇佣兵团。

在勃艮第公国、法国和阿维尼翁参加了几次战斗后，让·哈库德在14世纪60年代初领导了著名的白色军团，并为意大利政治斗争中出价最高的政派服务。因此，他曾为佛罗伦萨人、比萨人、米兰人或教皇本人作战。特别是，他率领佛罗伦萨军队对抗米兰，由此获得佛罗伦萨公民身份作为奖励。他死后被埋在佛罗伦萨大教堂，教堂里装饰了代表他骑在马背上的宏伟壁画，后来成为意大利以及其他欧洲国家城市广场上雇佣兵雕像的模型。

特拉斯塔马拉革命

特拉斯塔马拉的恩里克以恩里克二世的名义登上卡斯蒂利亚王位，不仅改变了卡斯蒂利亚王国的历史，也改变了葡萄牙和阿拉贡的历史。通过联姻，特拉斯塔马拉王朝在很短的时间内加强了与伊比利亚半岛各国间的联系，从而为未来的王朝统

IOANNES·ACVTVS·EQVES·BRITANNICVS·DVX·AETATIS·S
VAE·CAVTISSIMVS·ET·REI·MILITARIS·PERITISSIMVS·HABITVS·EST
·PAVLI·VGIELLI·OPVS·

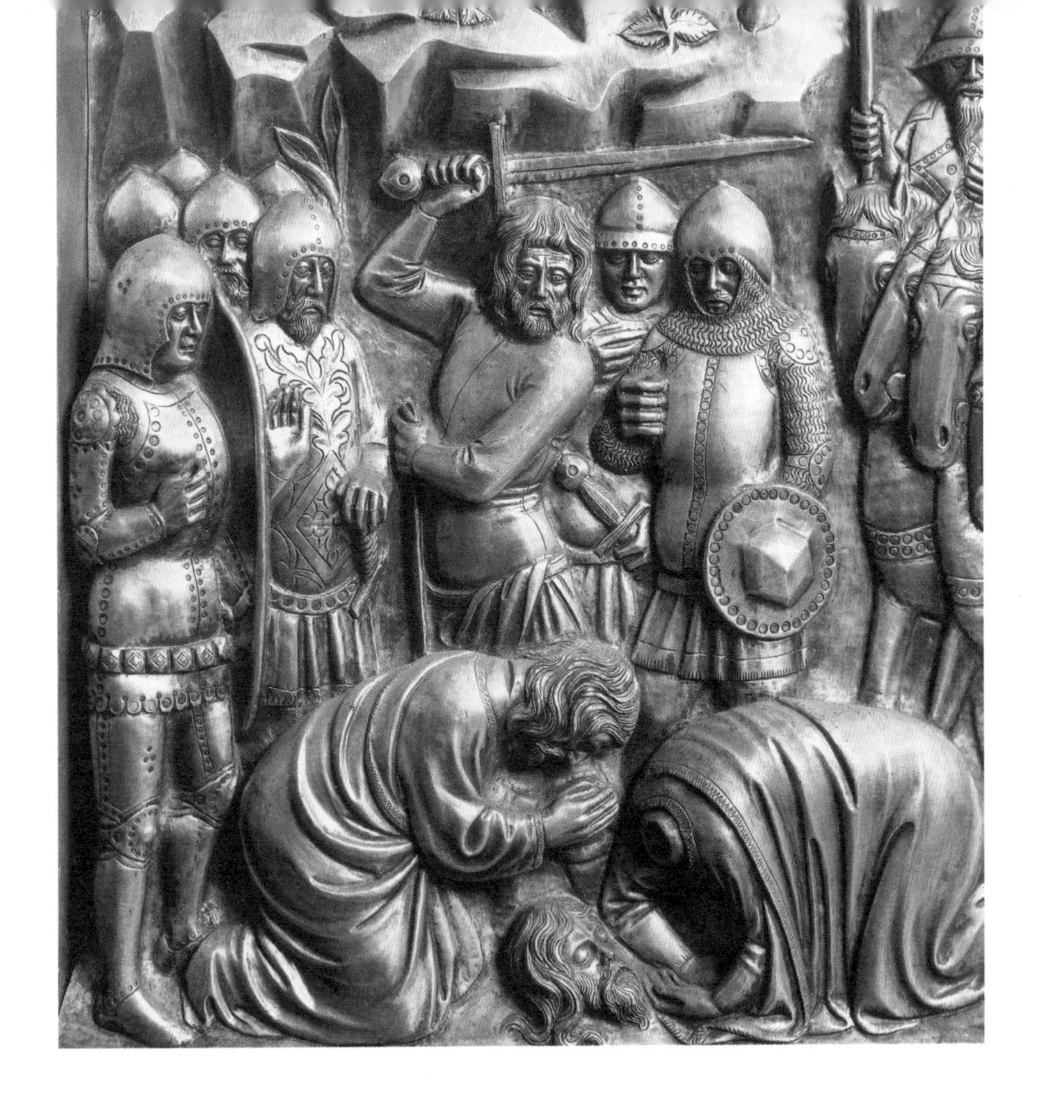

一奠定了基础。

当卡斯蒂利亚的佩德罗一世在蒙铁尔战役中阵亡时，渴望结束内战和与阿拉贡战争的卡斯蒂利亚社会被新王朝新的统治方式所吸引，一个新纪元由此开启。佩德罗一世的骑士典范已成为过去。恩里克二世以不同的方式代表了皇室合法性。根据宫廷编年史家所述，尤其是《卡斯蒂利亚国王编年史》的作者佩德罗·洛佩斯·德·阿雅拉等人的说法，他的权力基于他审时度势、多谋善断。这种对王室模范人物的吹捧伴随着对他前任佩德罗一世的批

雇佣兵和雇佣兵队长

大约在1290年，意大利城邦开始采用雇佣兵与邻国作战，这些雇佣兵会获得合同（意大利语：condotta）约定的报酬。

插图 上页：保罗·乌切罗所绘的雇佣兵约翰·霍克伍德肖像，佛罗伦萨圣母百花圣殿的壁画。上图：自由雇佣兵团的雇佣兵，皮斯托亚圣柴诺主教座堂祭坛细部图（13世纪至14世纪）。

评，后者被描述为无德无能、卖国求荣的君主。

恩里克在统治期间对权力工具进行重组。因此，他创建了一个新的法庭，即皇家审问院，皇家委员会也得以成为重要政府机构。在经济领域，王室表现出干预主义，特别是捍卫游牧畜牧从业者同业公会——梅斯塔荣誉会的利益。

曾经支援特拉斯塔马拉的恩里克争夺王位的主要贵族得到了回报。国王授予的别名之一，拉丝梅赛德斯（西班牙语：el de las Mercedes，意为恩宠）就证明了这一点。恩里克二世为他的合作者和盟友提供了诸多好处。在他治下，贵族的权力越来越大。贵族成员在皇家委员会中拥有特权职位，被赋予在宫廷和军事指挥的重要职务。

费尔南多战争

特拉斯塔马拉的恩里克成为卡斯蒂利亚国王并没有彻底结束王位继承纠纷。事实上，当佩德罗一世去世时，还出现了其他王位觊觎者。其中就包括兰开斯特公爵冈特的约翰，他在 1371 年娶了佩德罗一世和玛丽亚·德·帕迪拉的女儿，还有葡萄牙国王费尔南多一世，他也是卡斯蒂利亚国王桑乔四世的曾孙。这两人在 1369—1382 年都多次参加以“费尔南多战争”名义来反对卡斯蒂利亚的运动。佩德罗一世战死蒙铁尔导致其拥趸流亡国外。他们中有些人在葡萄牙国王费尔南多一世那里避难，并参加了 1369—1371 年的第一次费尔南多战争。《阿尔科廷条约》结束了这场冲突，虽然这一条约是兰开斯特公爵骗来的，他向葡萄牙国王允诺：如果恩里克二世被废黜，他即位后会割让卡斯蒂利亚王国一部分领土给葡萄牙。

第二次费尔南多战争发生在 1372—1373 年。其导火索是效忠于前国王佩德罗一世的贵族在葡萄牙发动的一场袭击。恩里克二世行动余地几乎没有受到影响。1372 年底，卡斯蒂利亚国王为展现权威，攻进葡萄牙。仅仅两个月，他就兵临里斯本。《圣塔伦条约》结束了这场冲突，流亡贵族的抵抗也随之偃旗息鼓。随着缔结婚姻，两国关系越来越紧密，流亡贵族们被驱逐出葡萄牙。

最后一次费尔南多战争发生在 1379 年恩里克二世去世后。这次战争的主角是冈特的约翰和葡萄牙的费尔南多一世。最终，两个影响了后来卡斯蒂利亚政局的决定才结束了这场战争。第一个决定是恩里克二世之子卡斯蒂利亚国王胡安一世与葡萄牙费尔南多一世的独生女比阿特丽斯结婚。这种战略联盟导致了卡斯蒂利亚在葡萄牙国王驾崩后干预葡萄牙内政。胡安一世也主动让其子恩里克（未来的卡斯蒂利亚王国恩里克三世）娶了兰开斯特公爵冈特的约翰和卡斯蒂利亚的康斯坦斯的女儿凯瑟琳。兰开斯特公爵以放弃继承王位作为代价。这场联姻将两个争夺卡斯蒂利亚王位的敌对王朝联合起来，巧妙地结束了内战造成的分裂。而凯瑟琳，英国国王亨利四世同父异母的妹妹，后来也成为政治生活中的关键人物。

农民起义和城市起义

在遭遇了流行病和战争的蹂躏后，欧洲开始重建，社会局势再度紧张。为了摆脱危机，各国纷纷采取严厉的经济措施，首先便是加征赋税和关税。这些不得人心的决定引发城市和农村的社会冲突，影响波及文化领域核心和人际关系。

具有某种讽刺意味的是，黑死病是显著改善工作条件和提升工资水平的根源。为了避免农村人口外流开垦荒地，农民们被强制要求安家落户，这激起他们对领主的敌对情绪，对缴纳给领主的贡赋以及租金的数额和合法性产生异议。在城市里，由于死亡人数众多，财富比以往任何时候都更加集中。通过继承，财富流到少数人手中，这些一夜暴富的幸存者开始疯狂消费。

法国在 1358 年发生了第一次大规模起义，即札克雷暴动。受百年战争影响，赋税与日俱增，这侵犯了农民的利益。这场运动由巴黎商人行会行首艾蒂安·马塞尔领导，将农民与巴黎平民阶层联合起来，表达了他们的利益。继克雷西和普瓦捷两次惨败后，国王无力抵抗英国进攻，贵族名誉扫地，这促使巴黎平民要求改变社会阶级之间的关系。至于农民，他们感觉自己是唯一能发挥作用的人。赋税增加，加上王室没有人心所向的政策，就像是给火药桶上滴了油。

1370 年左右，佛罗伦萨爆发第一场城市社会冲突。在这里，城市精英们只关心商业网络发展和原材料供应，这是扩大城市手工业生产所需；而手工业者、工人

羊毛行业：卡斯蒂利亚梅斯塔荣誉会和佛罗伦萨的羊毛行会

中世纪末期，游牧路线遍布欧洲。在19世纪铁路出现之前，这是将牲畜从饲养区或放牧区转移到城市地区的唯一手段。因此，在城市对于肉类和羊毛的需求不断增加的情况下，供给也跟得上。

为了改善生产、完善竞争，卡斯蒂利亚创建了梅斯塔荣誉会。这一同业公会拥有众多的小型畜牧业者，但权力仍然掌握在大地主、贵族和骑士团手中。数百名畜牧业者参加的定期集会确定他们的权利和义务，并组织牲畜市集。在佛罗伦萨，羊毛行会（意大利语：arte della lana）雇用了30000名员工来生产欧洲最好的面料——每年出产100000件。它也会采用其他地区生产的羊毛，卡斯蒂利亚羊毛就是其一。织物的制造涉及5种操作，许多来自不同机构的手工行业都参与其中（羊毛的制备、纺纱、织造、修整和染色）。

插图　佛罗伦萨纺纱工人细密画，绘于15世纪。

的生存境况由于价格上涨和工资下降恶化，于是，君主、城市精英和小规模手工业者、工人之间的利益鸿沟越来越大。

佛罗伦萨外汇羊毛商人行会（意大利语：Arte dei Mercatanti），也称之为服装商人行会（意大利语：di Calimala），领导了其他同业行会进行抗议。没有行会代表的梳毛工们（意大利语：Ciompi）发起了对佛罗伦萨城市精英、工作组织和现存政治模式的抗议。他们的行为和主张成为中世纪城市爆发社会冲突的典型案例。被排除在市政权力之外的弱势行业，在小型行会的支持下要求政治开放。工人们对技术进步和企业

帕迪拉的浴室

残酷者佩德罗一世的妻子以自己的名字给这座建于阿方索十世统治时期的蓄水池命名，它位于塞维利亚王宫内的哥特式宫殿内。当佩德罗一世建造穆迪札尔风格的宫殿时，这个蓄水池就已经存在了。一条长长的带有筒形拱顶的走廊通向这个巨大的有着交叉穹隆的地下浴室。

从畜牧业到工业

中世纪的手工艺人在小作坊劳作，其生产活动各式各样，从金匠到亚麻、羊毛和棉花纺织，再到武器制造。13 世纪，得益于棉花纺织业的发展，巴塞罗那繁荣起来。14 世纪，棉花出现在威尼斯和米兰的织布机上。

上图 描绘牧羊人和织布机的浅浮雕，安德烈埃・皮萨诺所绘（佛罗伦萨主教座堂博物馆）。

精神所带来的变化感到不满，烧毁了车间，摧毁了代替男人和女人的机器。

梳毛工起义在欧洲历史上第一次表达了技术进步——它是改进生产方法方面无可辩驳的根源——与工人自保工作之间的冲突。然而，他们在佛罗伦萨的起义未能在市政府里长期站稳脚跟，最终以失败告终。

威克里夫和罗拉德派

1381 年，英格兰爆发人民起义，就像法国的札克雷暴动一样，沉重的赋税和对贫困的恐惧是这次

起义的导火索。英国人民运动的特点还在于其拥有强烈的意识形态基调。改良派神学家约翰·威克里夫的思想在渴望社会正义的人群中找到了肥沃的土壤，深刻地影响了人们的思想。要求平等直接破坏了领主经济制度的基础。即使这场冲突最终的受益者是贵族，但它提高了英国领主的意识，认为有必要去改变他们与农民的关系。

约翰·威克里夫（1320—1384）的思想在英格兰薪火相传，从根本上促进了批判精神的发展。身

雅典卫城

安布罗乔·洛伦泽蒂的《好政府与坏政府的寓言和影响》（1338—1339）是锡耶纳市政厅的系列装饰壁画。壁画左侧是神圣的智慧女神和正义女神，她们下缘分别是和谐女神和锡耶纳公民。壁画右侧，“公共利益”端坐中间，四周是四枢德以及和平女神和宽宏女神，上面是宗教三超德[13]，右下是军人。

[13] 宗教三超德：信心，希望，慈爱 / 信德、望德和爱德。四枢德：明智，正义，勇敢，节制 / 智德、义德、勇德和节德。——译者注

尼科波利斯战役（1396年）：最后一次十字军东征

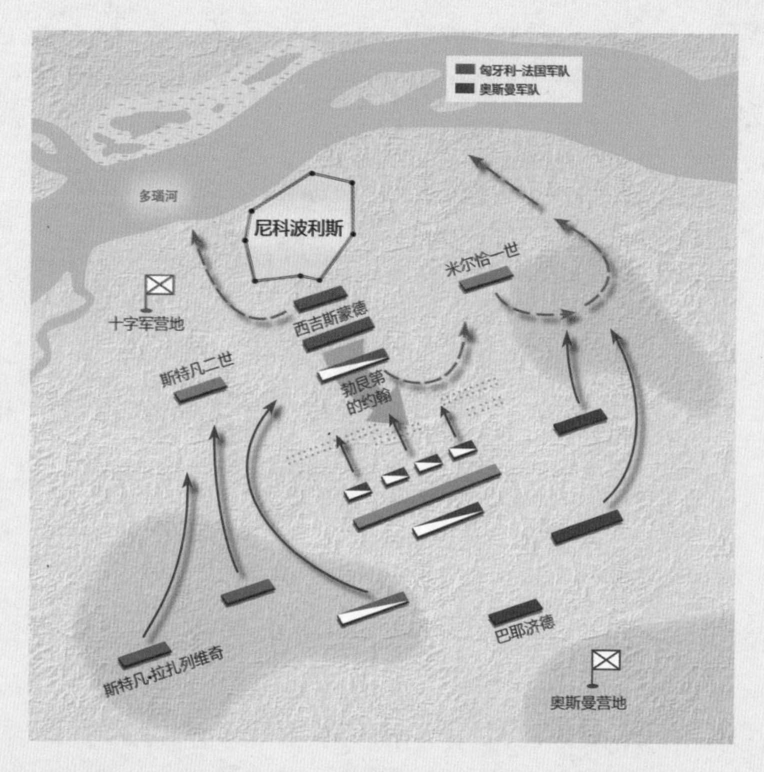

奥斯曼帝国入侵保加利亚。它对匈牙利的企图促进了基督教的统一。由未来的勃艮第公爵讷韦尔的约翰和卢森堡的西吉斯蒙德领导的军事联盟集结了来自欧洲各地的骑士，他们在多瑙河畔的尼科波利斯会师。

法、英两国骑士给百年战争按下暂停键，他们与德国人、波兰人、匈牙利人和波西米亚人并肩作战，共同抗击土耳其人。与西吉斯蒙德的作战计划相反，未来的勃艮第公爵无畏的约翰和法国-勃艮第骑兵于1396年9月下旬发动进攻。苏丹巴耶济德一世在弓箭手和近卫军的保护下，率领麾下骑兵对战，余下大部分兵力则埋伏在周围的山丘后面。随后，西吉斯蒙德部队开始进攻。在苏丹的附庸塞尔维亚基督徒加入之前，双方势均力敌。斯特凡·拉扎列维奇的军队从后方攻击西吉斯蒙德所率军队，取得胜利。巴耶济德要求对方支付巨额赎金来赎回勃艮第的约翰和其他被俘贵族。为报复战斗初期对土耳其战俘的大屠杀，土耳其方面处决了约3000名无法支付赎金的基督徒。

为神学家、翻译家、大学教授和天主教激进改革的支持者，他在欧洲思想演变过程中扮演了重要角色。他的思想被胡斯派运动所采纳，甚至影响了路德。与陷入拜占庭争议中的中世纪神学家的传统形象不同的是，威克里夫考虑到了他那个时代的社会愿望。他的学说被一部分对世俗权力和神权不满的社会人士当作参考，这也导致他被牛津大学开除，并在死后被宣布为异端。

威克里夫学说基于上帝面前人人平等这一原则。在他看来，只有奉献和恩典才能赋予权威。因此，奴役或教会等级制度是违情悖理的概念。一个虚伪的修士是没有资格用权威来谈论上帝的；而如果他是一位虔诚的修士，那么他与一个虔诚的在俗教徒没有什么不同。如此，威克里夫揭露了神职人员的特权，这让他成为激进的改革者。这位神学家的思想受到了广泛的欢迎，并被其门徒罗拉德派采纳和传播。他们像威克里夫一样，为教会的复兴和英文《圣经》的传播而奋斗。他们的诉求为1381 年爆发的农民运动提供了意识形态的理由。

这场农民反抗奴役地位的暴动考验了刚刚适龄的理查二世国王的执政能力。长期的摄政导致了激烈的权力斗争，英国正在从这场旋涡中走出来。这位年轻的国王试图与他前任的贵族亲信和遗产保持距离，这扰乱了英国的国际政策。他先后与已故皇帝查理四世的女儿卢森堡安妮，尤其是在 1396 年与法国国王查理六世的长女伊莎贝拉的婚姻影响了他的统治。

他的亲法政策和中央集权的企图让上层贵族日益不满，他们转而拥护冈特的约翰之子、国王堂弟亨利。1398 年，理查二世驱逐亨利并没收了其所有财产。兰开斯特的亨利逃至法国，他立志要让他的堂弟退位，并且矢志不渝，于是他召集拥趸，重返英国。理查二世大败，先被关押在伦敦塔，然后又被转移到庞特弗雷特城堡，并于 1400 年在此去世，他可能死于暗杀。而亨利则以亨利四世的名义登上王位。

多瑙河边界

14 世纪中叶，奥斯曼土耳其人在巴尔干半岛加强军事扩张。1365 年，他们征服了阿德里安堡（今土耳其埃迪尔内），并在这个邻近君士坦丁堡的城市建立了苏

英国的理查二世

理查二世实施改革，增加赋税并加强专制统治，这让他被封建贵族所仇视。

插图 威尔顿双联画，国际哥特式风格的作品，佚名，约1395年作。绘有先知施洗约翰、忏悔者爱德华国王和圣徒埃德蒙，他正向怀抱圣婴的圣母介绍理查二世（双膝跪地）（伦敦国立美术馆）。

丹官邸。拜占庭新皇帝约翰五世·巴列奥略戈斯对于事态的发展忧心忡忡，寻求拉丁基督教的帮助，组建反奥斯曼帝国的十字军东征。但由于罗马教皇权分裂，罗马和阿维尼翁各自为政，谈判失败，这反而鼓励土耳其人继续武力征服。在1389年的科索沃战役中，土耳其人击败了由多瑙河、匈牙利、保加利亚、斯洛文尼亚和斯洛伐克人民组成的庞大联盟，他们过去曾经为敌，如今联合起来对付共同的敌人。苏丹穆拉德一世战死沙场冲淡了这场胜利。

穆拉德一世之子巴耶济德一世继位，他在推动土耳其在巴尔干地区的扩张方面发挥了重要作用。事实上，在重组宫廷并通过创建精英近卫军来改革军事机构之后，他迅速占领了保加利亚、摩尔达维亚、瓦拉几亚、色雷斯和马其顿。受奥斯曼威胁最大的国家仍然是匈牙利王国。1382 年国王拉约什一世去世后，其女也就是王位继承人玛丽亚嫁给了卢森堡的西吉斯蒙德。通过联姻，他们成为抵抗土耳其人在多瑙河岸上进攻的主要堡垒，西吉斯蒙德率领基督教十字军对抗奥斯曼帝国，但在 1396 年的尼科波利斯战役中大败。

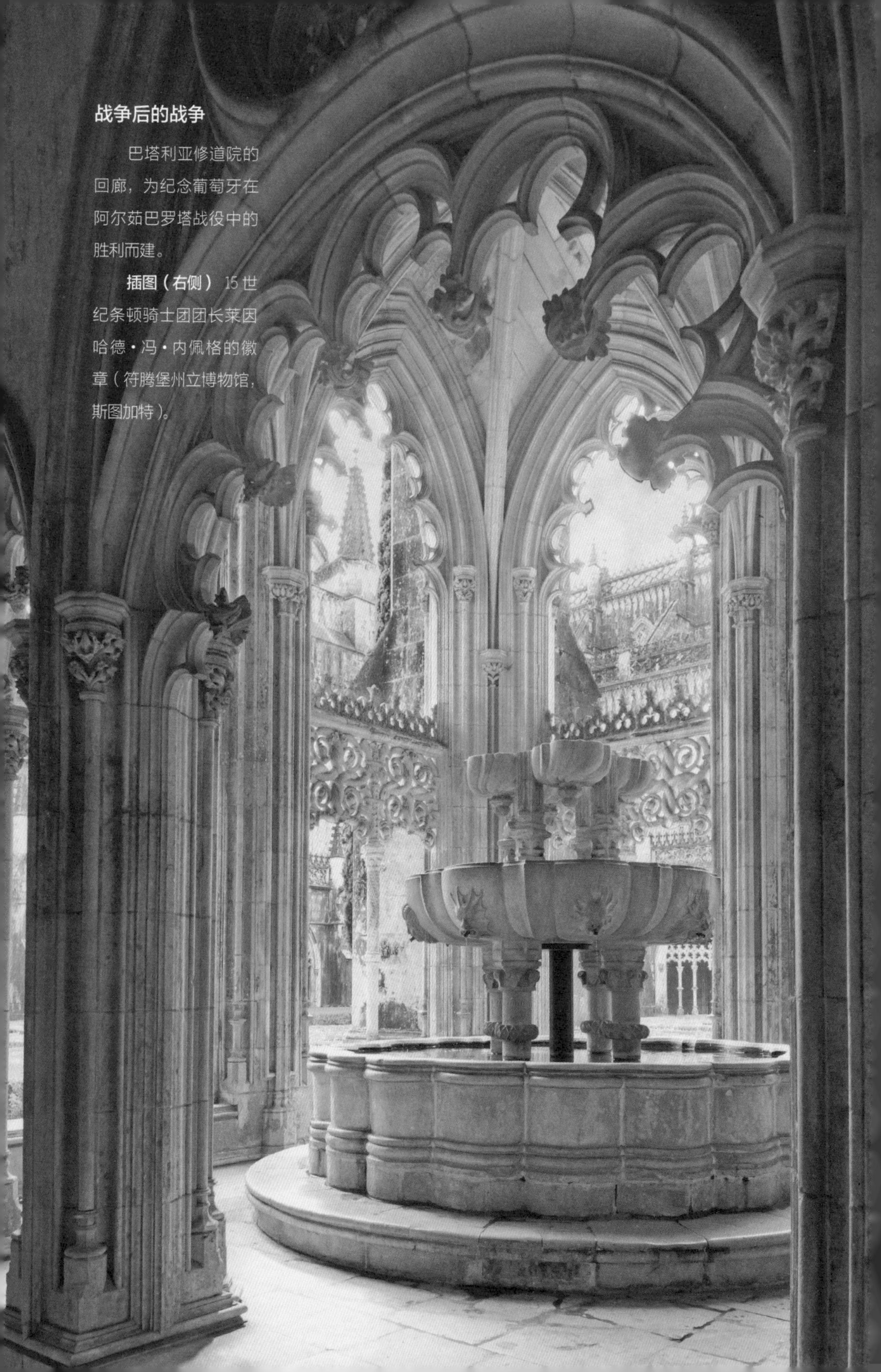

战争后的战争

巴塔利亚修道院的回廊，为纪念葡萄牙在阿尔茹巴罗塔战役中的胜利而建。

插图（右侧） 15世纪条顿骑士团团长莱因哈德·冯·内佩格的徽章（符腾堡州立博物馆，斯图加特）。

征服与改革

14 世纪末，欧洲发现了向大西洋扩张的新可能性。国家和教会都在改革，前者为了改善财政收入和城市管理，后者为了结束教义冲突。当君主制国家的体制演变预示着向现代过渡，而这时候的天主教会却无法遏制越来越多的思想改革需求。

1391 年伊比利亚半岛数个城镇大肆屠杀犹太人，欧洲社会在这时展现出它最坏的一面。仅仅靠城市发展和社会失衡两个原因根本无法解释这种不同寻常的暴力现象。在以社团主义和公共生活为中心的城市社会结构中，却存在着被排除在城市外的少数群体和边缘化人群，这揭示了城市社会结构的阴暗面。与其他少数族裔相比，犹太族成了替罪羊。他们在空间上远离其他社群，在思想上也不和其他社群交流。犹太人是第一个遭受暴力的弱势阶层，针对他们的仇恨言论助长了暴力行为。在王权无法保护他们的地方，他们先后受到言语和身体攻击。

对犹太人的迫害、屠杀和驱逐

从圣地（1290 年）回归后，14 世纪早期欧洲的“神秘”好战主义把犹太社群作为靶子。被指控要对基督之死负责的犹太人是暴力抢劫和屠杀的受害者。还有传言称，犹太人在宗教仪式时，用基督教儿童的鲜血制作无酵饼。在莱茵河谷和英格兰（1290 年），这是除鼠疫流行外犯下的最残酷的暴力行为。1306 年，腓力四世没收了犹太人的财产并将他们逐出法国。

伊比利亚半岛的犹太人也受到迫害。1391年6月6日，塞维利亚的犹太区或犹太社群被洗劫一空，犹太人遭到屠杀。杀戮随后在周围的城镇蔓延开来。6月8日在科尔多瓦，许多犹太儿童和妇女被强行洗礼并作为奴隶卖给穆斯林，下层神职人员和贵族客户在犹太区待了整整三天，事实上他们在这几天洗劫和杀死了所有居民。在托莱多，许多犹太社区被赶尽杀绝，10座犹太教堂被摧毁。8月5日，轮到巴塞罗那的犹太区，300人遭害，财产被没收。

插图 绘于13世纪的犹太会堂女神雕塑（拉丁语：Synagogue），犹太教的基督教寓意雕刻（圣母院博物馆，斯特拉斯堡）。

其他群体也未能幸免，包括异教徒、外国人、穷人和边缘化人群，他们承担最艰苦的劳役。14 世纪的瘟疫流行也助长了对替罪羊的攻击。就像 1391 年伊比利亚半岛大屠杀一样，反犹太主义的暴力事件如星星之火最终以燎原之势燃遍了欧洲其他地区。除了开明宽容的波兰国王卡齐米日三世对犹太人实行了友好政策，欧洲大陆上的大多数国家都决定驱逐他们。

1391 年大屠杀

在伊比利亚半岛，对犹太人的迫害不仅是为了找出罪魁祸首以转移因经济形势恶化引发的不满情绪，还有

❶ **英国** 犹太人被封建基督教社会运动驱逐，12世纪期间，欧洲城市的犹太人主要从事自由职业、商业和金融活动。在13世纪危机爆发期间，爱德华一世国王下令将犹太人逐出不列颠群岛。

❷ **法国** 被英国驱逐的犹太人试图在法国北部定居，但他们只在这里做了短暂停留，因为拒绝犹太人浪潮也传到法国，1306年他们被法国驱逐出境。于是，他们开始逃往地中海沿岸。贵族和商人利用对犹太人的迫害消灭了他们的债权人犹太银行家。

❸ **东欧** 针对犹太人的暴力和驱逐也在日耳曼地区上演。被流放的犹太人们随后前往波兰。这里和欧洲其他地方一样，经济利益是迫害犹太人的根源。

❹ **伊比利亚半岛** 在阿拉伯统治下，安达卢斯犹太社群得以发展壮大。基督教惧怕他们的影响力和权力。1492年，天主教双王在占领格拉纳达后，将犹太人赶出卡斯蒂利亚和阿拉贡。犹太人先是来到邻国葡萄牙王国，又在1496年遭驱逐后来到马格里布。他们在北非建立了西班牙裔社区，保留了部分西班牙文化。

其他原因。一方面在卡斯蒂利亚内战期间，卡斯蒂利亚国王恩里克二世的亲信发动了激烈的反犹意识形态运动；另一方面，城市里的宗教话语变得更加激进，传教士们，如多明我会的文森特·费里埃，在公开布道期间呼吁拒绝犹太人。

一场史无前例的集体暴力浪潮袭击了犹太社区，破坏了卡斯蒂利亚和阿拉贡两国的政权稳定，这表明统治者们对保护少数犹太人漠不关心或者对这场危机无能为力。当时年仅 11 岁的卡斯蒂利亚国王恩里克三世和阿拉贡的胡安一世对如何响应保护臣民和维护社会和平的请求不甚了了。

暴乱于6月6日在塞维利亚首先爆发，那里居住着卡斯蒂利亚王国最富有的犹太人群。埃西哈的副主教费兰·马天尼斯激情四溢的布道引发了一场跨城市的人民暴动。因此，卡莫纳、埃西哈、科尔多瓦、安杜哈尔、哈恩、乌贝达、巴埃萨、昆卡、韦特、托莱多、塞戈维亚、布尔戈斯、洛格罗尼奥、瓦伦西亚、巴塞罗那和赫罗纳纷纷上演了同样的暴力场景。对领主和官吏消极应付的控告成为一纸空文。

根据文森特·费里埃的名言“洗礼或死亡”，犹太人除了死亡、流放或被迫皈依之外没有其他未来。几十年后，强制皈依并没有避免新困难的出现。放弃自己的宗教并没有让犹太人融入社会，因为皈依者的忠实不断受到质疑，新老基督徒之间的不平等一直存在。在巴塞罗那，1391年的大屠杀凸显了精英们无力抵御动摇城市的暴乱。在随后的几年里，为了忘却大屠杀的可怖，“巴塞罗那的和谐社会”转向人道主义原则。

东部战线

欧洲社会蔓延着一种全新的十字军东征气氛。卢森堡的西吉斯蒙德在与玛丽亚成婚后成为匈牙利国王，他号召英国、德国、法国和勃艮第公国的骑士，以及来自罗得岛的意大利人和耶路撒冷圣约翰医院骑士团的成员联合起来，击退土耳其在巴尔干地区势不可当的进攻。

十字军大军从多瑙河南下，与西吉斯蒙德的军队会合，后者由匈牙利、瓦拉几亚、塞尔维亚和保加利亚士兵组成，共计60000人。在多瑙河左岸，远征队抵达了尼科波利斯市的郊区，坚固的堡垒守卫着这座城市的安全。围攻旷日持久，以至苏丹巴耶济德一世得以率领亲卫和20万人的军队赶来救援。

尼科波利斯战役于1396年9月25日爆发。法国和勃艮第公国重骑兵的冲锋成功地击退了奥斯曼帝国的队伍，甚至击败了强悍的近卫军。但是巴耶济德一世预备队的40000名士兵的参与扭转了战局。众多欧洲著名骑士被苏丹俘虏，包括法国布西考特元帅，直到其家人支付巨额赎金后才获释。

在接下来的几年里，奥斯曼帝国扩大了在东欧的统治。许多城市发现奥斯曼帝国的占领并没有带来大的动乱，因此和平投降。奥斯曼尊重市政特权，并保留了修道院的重要房基。城市里小规模的土耳其常驻军和将某些教堂改造成清真寺是奥斯曼霸权最明显的特征。但最重要的是，为了选拔好苗子并培养成精锐的奥斯曼士兵（近卫军），绑架儿童的做法开始盛行。从这些孩子小时候起，他们周围的人就小心避免提及他们的祖国，好让他们忘记自己的出身。

尽管一切看起来对苏丹巴耶济德有利，但他却面临着严重的困难。1402 年，在与蒙古可汗帖木儿对战中，奥斯曼军队遭遇了史无前例的惨败。苏丹被俘，在囚禁之中死去。这次战败导致奥斯曼帝国爆发了持续近 20 年的内战。欧洲列强趁机巩固了征服的领地，并进行了一系列改变基督教的宗教改革。然而，在 1421 年，新苏丹穆拉德二世结束了分裂奥斯曼帝国的内战。因此，1402 年奥斯曼大败对欧洲来说只是一个喘息的机会。

从阿尔茹巴罗塔到非洲

要了解葡萄牙 14 世纪初的历史，必须要追溯 1383 年至 1385 年爆发的这场危机，直到阿维斯王朝掌权，危机才得以解除。1383 年，勃艮第王朝的国王费尔南多一世死后没有男性继承人，错综复杂的摄政随后上演。他唯一的女儿比阿特丽克斯嫁给了卡斯蒂利亚的胡安一世。卡斯蒂利亚王室与葡萄牙王室联姻，特拉斯塔马拉王朝成员登上葡萄牙王位，这对于部分贵族和葡萄牙城市精英来说，简直是不可想象的。他们毫不犹豫地支持阿维斯骑士团团长、费尔南多一世同父异母的弟弟阿维斯的若望上位。

阿维斯的若望和卡斯蒂利亚的胡安一世争夺葡萄牙王位只会带来武装冲突。激烈的战斗导致卡斯蒂利亚国王胡安一世和卡斯蒂利亚高级贵族率军大举入侵葡萄牙。远征队捍卫卡斯蒂利亚王后的王朝利益，也就是特拉斯塔马拉的利益，支持统一伊比利亚领土。

冲突于 1385 年 8 月 14 日在葡萄牙中部的阿尔茹巴罗塔得以解决。葡萄牙在英国特遣队的支持下，粉碎了卡斯蒂利亚重骑兵的冲锋，获得大胜。克雷西战役、

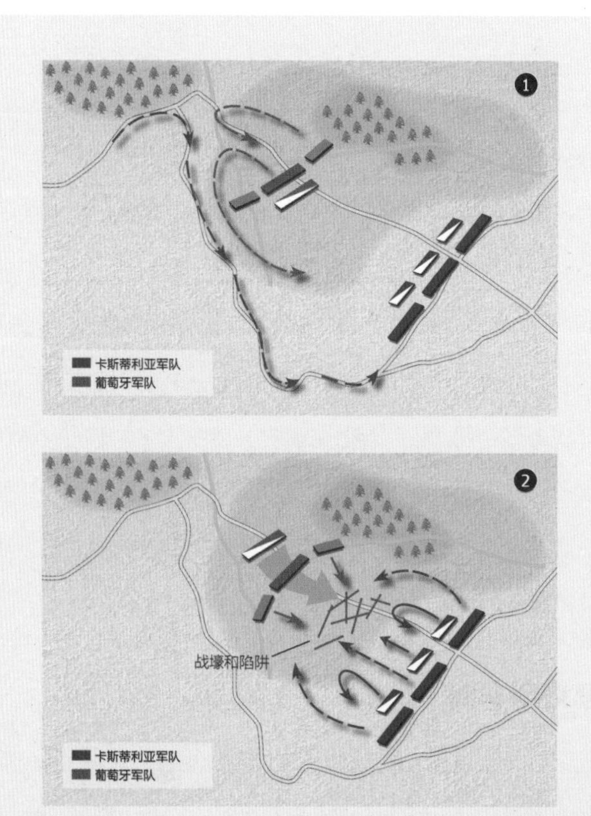

阿尔茹巴罗塔战役——葡萄牙大胜卡斯蒂利亚

葡英军队选择在阿尔茹巴罗塔周边一座四周环水的山岗上掩护。从这座山岗北面，可以俯视卡斯蒂利亚-法国军队行军之路。英军命令骑兵下马，和弓箭手一起在崎岖地势掩护下组成了第一阵线。

卡斯蒂利亚国王在收到侦察兵情报后，下令在抵达敌营之前停止行军。❶他绕过山岗，取道东面。南侧坡度较缓，更适合带兵进攻。数量上占有劣势的葡英军队改变阵地，转向南面。❷法国-卡斯蒂利亚骑兵冲锋直上，但被战壕、木桩和箭矢挡住去路。卡斯蒂利亚主力加入战斗。但狭窄的地形迫使他们列队排列。弓箭手撤退，葡英第一阵线向两翼散开，预备队冲到中间。日落时分，卡斯蒂利亚军队溃不成军，5000名士兵战死沙场。当晚，又有5000名卡斯蒂利亚士兵死在葡军刀剑之下。

普瓦捷战役和纳赫拉战役的幽灵再次出现。与之前三次战役一样，源于法国的骑兵战术被事实证明无效。卡斯蒂利亚军队被迫撤退，留下众多牺牲的士兵，包括王国最重要的家族成员埋骨他乡。

举国悲痛的卡斯蒂利亚不得不决定在阿尔茹巴罗塔一战后放弃对葡萄牙王位的觊觎。同时，阿尔茹巴罗塔一战也让以若望一世名义登基的阿维斯的若望得到了国际认可，之后通过与冈特的约翰之女、英格兰国王的妹妹兰开斯特的菲莉琶联姻，他再次提升了自己的国际认可度。这场联姻巩固了葡英联盟，与法国卡斯蒂利亚利益联盟分庭抗礼。

世界变大了

1271年，马可·波罗跟着父亲科洛和叔叔马泰奥都第二次来访中国。直到24年后的1295年，他才返回威尼斯。在热那亚的监狱里，他第一次向比萨的鲁思梯谦口述了他的旅行经历。《马可·波罗游记》(意大利语：*Il Milione*)在1298年，也就是在印刷术发明两个世纪之前便已出版，这是一场胜利。

插图 马达加斯加岛细密画，出自《马可·波罗游记》(法国国家图书馆，巴黎)。

条顿骑士团的布兰城堡

13 世纪初，基督教军事组织条顿骑士团在布兰建造了第一座堡垒（特兰西瓦尼亚地区布拉索夫周围）。坐落于瓦拉几亚边境附近，这座堡垒旨在控制布兰-鲁卡尔轴地区战略贸易路线。

起初，条顿骑士团在克里斯蒂安镇成立骑士队来保卫城堡。1242年，三支蒙古军队摧毁了匈牙利平原，众人被斩尽杀绝，城堡被夷为平地。为了保护领土免遭瓦拉几亚公国的觊觎，匈牙利国王拉约什一世（1342—1382年在位）在1377年兴建了一座新城堡（今仍在）。第一支驻军由一个英国长弓手（弓箭手）营组成。后来，这座城堡隶属于卢森堡国王西吉斯蒙德，直到1412年特兰西瓦尼亚省才得以收回。

插图　右侧，城堡外观；左侧，装饰着条顿骑士团十字架的小坛子（意大利奥尔维耶托主教座堂博物馆）。

1415 年 8 月 14 日，一支庞大的葡萄牙军队对非洲海岸城市休达发起进攻。夜幕降临时，两百艘搭载远征军的双桅战船停泊在刚刚征服的领土边上。葡萄牙首次进军非洲为卢西塔尼王国未来的海外扩张铺平了道路。

由于航海的进步和新大陆的发现，葡萄牙若望一世的第三子，即航海家恩里克王子，带领众人制定了这项政策，从而为王国积累了新的财富。在说服父亲夺取休达之后，他创立了萨格里什海军学校，这是一个制图和天文学研究中心，推动了 1419 年马德拉再发现和卡拉维尔帆船的发明。

条顿骑士团的覆灭

1410 年 7 月 15 日，一场激战在坦能堡和格伦瓦尔德两地附近区域爆发。被德国人所称的坦能堡之战、波兰人所称的格伦瓦尔德之战、立陶宛人所称的扎尔吉里斯之战，是中世纪最大规模的战事之一。它带来了严重的政治和军事影响，扰乱了欧洲部分地区的局势，同时也昭示了仍在继续向东扩张的条顿骑士团已是日薄西山。

条顿骑士团虽然直到 1190 年才在圣地成立，但在此之前，它已经多次参加波罗的海地区的十字军东征，

条顿骑士团历史沿革

1190—1196年

成立　在汉萨同盟商人的倡议下，条顿骑士团在耶路撒冷成立，以保护朝圣者为宗旨。1196年，得到教皇承认。

1198年

发展　骑士团变得宗教化。它会集了来自神圣帝国所有日耳曼语地区的神职人员和骑士。

1211年

东欧　骑士团部分成员离开圣地，定居东欧。

1226年

军事化　马佐夫舍的康拉德一世请求骑士团出手帮助匈牙利对抗立陶宛和波兰。

1308—1383年

国家　在相继占领但泽、波美拉尼亚（1308年）和击败立陶宛（1348年）后，骑士团在所属领土上成立了条顿骑士团修道院国，自此成为一个真正的国家，是波兰-立陶宛联盟的劲敌。

1410—1466年

衰落　条顿骑士团先在坦能堡被波兰打败，接着又被德国打败，最终只剩下东普鲁士地区的领土。

并控制了当地重要领土，让这片土地摆脱异教统治。皇帝和教皇给予的让步、骑士团的军事征服和它在波罗的海商业网络中的重要作用，让这片领土成为一个强大的修道院国家。

从1409年至1411年,条顿骑士团再次向其宿敌波兰王国和立陶宛大公国开战。然而，自从条顿骑士团将捍卫基督教和反对异教视为世人眼中它存在的理由以来，权力关系就发生了变化。

在1410年坦能堡之战战败之前，两个相互交织的事件挑战了条顿国家的权力平衡和稳定。首先是1386年，波兰女王雅德维加和立陶宛大公瓦迪斯瓦夫的联姻，后者在成为波兰国王后皈依基督教，并在1401年维尔纽斯条约期间为波兰-立陶宛联合对抗条顿骑士开辟了道路。1409年，立陶宛大公维陶塔斯支持反抗条顿骑士团统治的萨莫吉希亚（立陶宛地区）人起义，他的堂兄瓦迪斯瓦夫承诺将此地让给立陶宛，只专注于波兰政务。为打破波兰-立陶宛联盟，条顿骑士团以萨莫吉希亚的骚乱为借口向波兰和立陶宛宣战。

在一轮休战后，战斗在1410年7月15日在坦能堡再次打响。战斗中，骑兵部队连续不断冲锋，导致数千名条顿骑士战死或被俘。骑士团大团长也战死沙场。这次失败给骑士团带来了致命的打击。但由于未能占领马尔堡城堡，波兰和立陶宛也未曾从胜局中获利。次年，波兰-立陶宛联盟与条顿骑士团签订托伦和约，冲突随之结束。对于骑士团而言，这次军事失败和和约签订标志着衰落的开始。条顿骑士团被打得七零八落，军事威望深受打击，不得不支付巨额战争赔偿和大笔赎金赎回被俘骑士，它在坦能堡的损失远不止一场败战。

南欧边境

特拉斯塔马拉王朝登上卡斯蒂利亚王位给卡斯蒂利亚社会带来了各种各样的变化：有些变化是适度的，有些在一开始是几不可见的。特拉斯塔马拉王朝实施的改革旨在巩固新王朝的王权，重新定义皇室与贵族之间的关系，并在他国改革的启发下推进卡斯蒂利亚的政治和行政改革。值得注意的是，尽管在此过程中出现了一些阻力，但旧的习俗被新的欧洲准则所取代，卡斯蒂利亚社会开始关注其他领域。

一部分传统贵族反对引入骑士生活方式，他们抵制来自国界之外的变化，无论是关于兵法、审美观还是国王、宫廷和社会间的关系观念。而骑士比武的出现，特别是它被视为训练对阵战一种方法，让兵法有了一层趣味性。与此同时，骑士文化表演也在城市上演，来自勃艮第文化的价值观在这里广受好评。

内战结束后，卡斯蒂利亚由特拉斯塔马拉王朝统治，出生于 1379 年的恩里克三世国王是接受新王朝教育的第一代中的一员。他是胡安一世和阿拉贡的莱昂诺尔之子，卡斯蒂利亚恩里克二世的孙子，阿拉贡礼貌的佩德罗四世的外孙，他所拥有的阿拉贡和卡斯蒂利亚双重血统昭示着特拉斯塔马拉王朝统一伊比利亚半岛王位的愿望。1412 年，他的兄弟安特克拉的费尔南多继承了阿拉贡王位，这朝着两个王国融合又走近了一步，天主教双王[14]在之后确实实现了两国的融合。

在恩里克三世（1390—1406）在位 16 年里，无论是与葡萄牙还是与格拉纳达的纳斯里德王国的边境冲突未曾消停。卡斯蒂利亚与葡萄牙的摩擦以 1394 年 5 月葡萄牙统治者阿维斯的若望一世突袭巴达霍斯市为标志。为了赢得卡斯蒂利亚名流归附，葡萄牙国王依据圣地亚哥-德孔波斯特拉大主教的想法创建了一个贵族联盟。两国这次战斗既有陆地战也有海战，就像卡斯蒂利亚海军上将迭戈・乌尔塔多・德门多萨与葡萄牙舰队争夺直布罗陀控制权那场战斗一样。为了保护海上贸易，乌尔塔多・德门多萨也武力抵抗来自得土安的海盗入侵。

卡斯蒂利亚的开放政策，包括对海洋领域的开放，是恩里克三世统治时期的一个显著特征。地中海西部出现了越来越多的卡斯蒂利亚船只，正如《佩罗・尼诺的胜利或编年史》记录的军人、水手和海盗佩罗・尼诺的冒险经历所证明的那样。与此同时，国王支持征服加那利群岛，并派出以罗・哥泽莱滋・克拉维约为首的大使代表团出使撒马尔罕，向帖木儿朝觐。

征服格拉纳达的纳斯里德王国仍然是恩里克三世的主要目标。格拉纳达的埃米尔穆罕默德七世连续数次入侵卡斯蒂利亚领土。1404 年，他入侵哈恩和木尔西亚，

[14] 天主教双王是卡斯蒂利亚女王伊莎贝拉一世和阿拉贡国王费尔南多二世夫妻二人合用头衔。二人联姻促使两国王室合并。——译者注

中世纪大型格斗表演

骑士比武取代了真枪实弹，严格按照年历来举办。除战争时期外，骑士比武在重大宗教节日（复活节、圣诞节、五旬节、诸圣节）前一天举行。骑士们不管是为了荣誉或是面子，还是为了生擒对手或他的坐骑，一心在比武场上大显身手。骑士获得的奖励也有可能是风雅艳情的：贵族少女的鲜花或面纱，甚至是握手。有时，奖励也很简单，就是一笔钱。那时，对于获胜者而言，除了将战败者的武器占为己有，骑士比武更是一次轻轻松松发财致富的机会。

插图　中间，15世纪安茹的勒内所著《骑士比武手册》细密画（法国国家图书馆，巴黎）。

血腥的比赛　骑士比武过程中，一位领主向另一位领主提出挑战。接着，他们的骑士队会进入比武场参加比赛。骑士们的热情投入会得到报酬，但有时也免不了出现伤亡。大约在1400年，人们强制使用“宫廷武器”（不带尖头或由木头制成的武器）来避免出现无谓伤亡。

插图　骑士比武场景，14世纪的象牙镜盒（国立中世纪博物馆，前身克鲁尼博物馆，巴黎）。

❶ 裁判　发出挑战的领主向其对手提供一封列有8名骑士的名单。再在其中选出4人与监军组成评委组，成为骑士比武的最高权力机构。

❷ 横幅　在比赛前几天，骑士比武的东道主城市的街道挂满了横幅，上面饰有参赛领主及其骑士的武器和徽章。

❸ 观众　除许多观众，的领主和骑上女眷、陪从、行吟诗官，附近的也会前来驻

场　比赛在一形场地上进行，有栅栏，场地由3米的绳索分成营。然而，比赛在户外开阔的场行的。

⑤ 领主入场　领主入场时，绳索断开。两支队伍各据一方，战马披挂全具装马铠。发起挑战的领主折回看台。

⑥ 监军　被选为监军的骑士公开验证参与者的贵族头衔，检查他们的徽章，或是予以通过，或是暂时取消他们的比赛资格，或是终止他们比赛。

⑦ 战斗　监军发出信号，比武旋即开始，并且持续一整天。赛中禁止伤害马匹。一旦获得上场比赛资格，骑手只能用骑枪刺对手的头部或胸部。

⑧ 赢家和输家　在闭幕晚会上，领主夫人给获胜骑士颁发荣誉和奖品。成为“俘虏”的输家必须支付赎金，一般来说坐骑就是赎金。

妥协的圣杯

为了任命卡斯佩的选举仲裁员，加泰罗尼亚、瓦伦西亚和阿拉贡在1412年组建议会。陷入内战的瓦伦西亚是最后一个派出代表的王国。只有安特克拉的费尔南多的拥护者们战胜乌赫尔的海梅二世的支持者们，才有可能召开加泰罗尼亚议会，用来赋予选举仲裁员权力。

上图 卡斯佩妥协圣杯（卡斯佩教区博物馆）。

最终，阿方索一世·恩里克斯指挥卡斯蒂利亚舰队进行干预。两年后，恩里克三世在巴埃萨附近的科勒哈雷斯战役中，击败了格拉纳达埃米尔的纳斯里德军队。

1406年12月，卡斯蒂利亚国王恩里克三世逝世，其子胡安只有几个月大，由他的母亲兰开斯特的凯瑟琳和他的叔父费尔南多王子[15]摄政，统治卡斯蒂利亚。恩里克三世曾在卡斯蒂利亚南部的行动在费尔南多这里获得了回报。1410年，费尔南多征服了位于格拉纳达的纳斯里德苏丹国边界的战略城市安特克拉。在卡斯

[15] 费尔南多王子是恩里克三世的弟弟，在其兄长1406年去世后，拒绝继承卡斯蒂利亚王位，与兄嫂一同为侄儿胡安二世摄政，为他统治卡斯蒂利亚王国。1412年至1416年为阿拉贡国王兼西西里国王，称费尔南多一世。——译者注

蒂利亚王室与格拉纳达王国长达数百年的斗争中，这一大胜为摄政王赢得了安特克拉勋爵的称号。攻占这座要塞城市及其城堡在卡斯蒂利亚的文学想象中根深蒂固，并成为众多书写失地收复的八音节诗或诗歌的主题。

卡斯佩妥协方案

1410 年 5 月 31 日，阿拉贡国王马丁一世去世，没有留下合法子嗣。阿拉贡王位悬空了两年。在一个没有君主的国家，时间似乎暂停了。谁来继承王位这个复杂的问题悬而未决。王位候选人间的王位之争愈加白热化。

特拉斯塔马拉王朝登上阿拉贡王位

阿拉贡的费尔南多一世在 1413 年平息叛乱并围攻乌赫尔伯爵所在的巴拉格尔城堡。同年 10 月 31 日，他攻占该城堡。乌赫尔的海梅二世被剥夺了封地和头衔，惨遭流放。但特拉斯塔马拉王朝第一位君主的统治时间很短暂（他于 1416 年去世）。

上图　卡斯佩妥协，萨尔瓦多・比涅格拉于 1891 年所绘布面油画（马德里美术中心）。

大家人心惶惶，担心内战爆发并由此引发社会分化。关于佩德罗一世和特拉斯塔马拉的恩里克二人争夺卡斯蒂利亚王位的记忆恍如昨日般历历在目，就像百年战争一样，起初也是由于英格兰爱德华三世要求继承法国王位。应该不惜一切代价防止通过武力方式来解决王位继承问题。不管是宣称拥有最近血统的王位候选人，还是麾下有身经百战的老兵或是好战分子的王位候选人，谁上位都没有关系，重要的是阿拉贡的领土上一定不要爆发公开战争。

在多明我会的文森特·费里埃和托钵修会相关圈子的影响下，选择政治途径来解决问题逐渐被王位候选人所接受。为确保当选国王合法性，必须找到一个共识。虽然西西里国王马蒂一世的私生子卢纳的费德里科的候选人资格被拒，但仍有四个可能的继承人。两个来自男性分支：一是乌赫尔的海梅二世，二是普拉德伯爵（代其兄阿方索）阿拉贡和富瓦的若望。另外两个来自女性分支：安茹的路易和特拉斯塔马拉的费尔南多，后者也称安特克拉。

鉴于他们的政治地位和影响力，形势变得明朗：乌赫尔的海梅二世和特拉斯塔马拉的费尔南多的支持者，即"乌赫尔派"和"特拉斯塔马拉派"将决一胜负。乌赫尔的海梅二世和安特克拉的费尔南多在阿拉贡都获得一定的支持。阿拉贡国王的选择不仅是一个政治问题，也是一个经济和文化问题。未来支配国内阿拉贡人、巴伦西亚人、加泰罗尼亚人和马略卡人关系的政治和经济模式是争论的核心。

安特克拉的费尔南多仍然是伊比利亚半岛的重要人物。在卡斯蒂利亚，他与兄嫂兰开斯特的凯瑟琳共同摄政。阿拉贡的费尔南多支持者们为向卡斯蒂利亚开放并打开其羊毛市场的好处进行辩护。至于乌赫尔的海梅二世，他代表了内陆的加泰罗尼亚贵族，与阿拉贡城市精英及其利益背道而驰。

阿拉贡地区、瓦伦西亚和加泰罗尼亚地区各自指定了3名仲裁员来选择新君主。他们于1412年6月24日在卡斯佩齐聚一堂。选举通过唱名表决，特拉斯塔马拉的费尔南多获得了6票。4天后，结果正式公布。50年前登上卡斯蒂利亚王位的特拉斯塔马拉王朝突然获得了阿拉贡的王权。这一选举结果预示了两个王国终有一天会在同一君主的统治下像期待的那般合二为一。

卡斯佩妥协方案使通过政治决定达成指定目标成为可能。然而，这个方案并没有让所有人都满意。大输家乌赫尔的海梅二世发动叛乱。但是骰子已经掷出去了，胜负已分。选举为安特克拉的费尔南多登上阿拉贡王位赋予了必不可少的合法性。乌赫尔派未能取得其他派别的信任。而且，即使在费尔南多一世统治的最初几年曾经爆发战乱，但特拉斯塔马拉家族牢牢稳固了在阿拉贡的政权。

阿赞库尔战役

15 世纪初，百年战争进入了一个新阶段。兰开斯特的亨利在大多数领主的支持下推翻了理查二世，于 1399 年以亨利四世的名义加冕为英格兰国王，曾经变革英格兰王国的金雀花王朝被取而代之。

新上任的英国君主面临的首要任务便是镇压如火如荼的农民起义并平息社会不满情绪，因为这些严重影响了英国在与法国冲突中的利益。亨利四世之子，即未来的亨利五世，在镇压欧文・格林杜尔领导的威尔士起义中大展经纶，也为重振王室权威做出了贡献。

虽然在理查二世统治下，英、法两国冲突在征服法国后已经平息，但亨利五世即位后又重新开战。1413 年亨利五世即位时，英格兰是重新统一的王国，而法国则因阿马尼亚克-勃艮第的对立而陷入严重的内部冲突，冲突双方分别得到了高级贵族和巴黎平民的支持。在芒什海峡对面的法国，国内局势不容乐观，内部斗争造成国体虚弱。1415 年春，一支庞大的英军乘虚而入，登陆塞纳河，试图征服法国。双方兵戎相见，百年战争的战火重新点燃。

1415 年 10 月 25 日（这一天和圣克雷潘和圣克雷潘尼安[16]日一样出名）黎明时分，英、法两军在阿赞库尔村落（现在的加莱海峡省）附近开战。尽管法军在数量上更具优势，但英军巧妙地利用地形以少胜多，英国弓箭手再次证明了他们的战术比法国骑兵更胜一筹。亨利五世决定处决所有俘虏，包括法国贵族的精英，从而

[16] 圣克雷潘（法语：Saint Crépin）和他的兄弟圣克雷潘尼安（法语：Saint Crépinien）是来自苏瓦松的两个鞋匠兄弟，于 3 世纪殉教，天主教教徒和东正教教徒在 10 月 25 日纪念他们。英国国教的传统也保留了对他们的崇拜。两兄弟总是一起被提及。——译者注

阿赞库尔战役——百年战争的重要一战

随着英格兰的亨利五世登陆诺曼底的不仅有弓箭手和骑兵，还有攻击武器和大炮。然而，英国人在战场上只使用了久经考验的武器和战术。

亨利五世的军队由5000名弓箭手和5000名步兵组成，分为三个军团。第一线由弓箭手组成，他们手持斧头、剑或短刀进行肉搏战。步兵被安排在后方保护弓箭手。法军也拥有由装甲枪骑兵、骑兵、弓箭手、弩兵和步兵组成的三个军团，共计14000人。随着法军派出一支骑兵对抗英国一翼的弓箭手，战斗打响了。法国骑兵们还未靠近对手便从马上摔了下来。英军骑士下马步行发起第二轮攻击。但由于战前一夜都在下雨，狭窄的道路泥泞不堪，兵士们滑倒在地，许多人被敌军武器所伤，又被在英军箭下窜逃的战马践踏。一支法国重骑兵军团甚至陷进了刚刚犁过的田地。数百兵士和战马随后成为敌方弓箭手的静态目标。第二天，除了奥尔良公爵和勃艮第公爵免于一死，战场上被俘贵族和所有法国伤员都被亨利五世下令处决。这次失败对于法国来说是一次奇耻大辱，骑士精神的终结和火器优势初露锋芒也与此有关。

插图　阿赞库尔战役，15世纪恩格朗-德-蒙斯特莱所著《编年史》的细密画（法国国家图书馆，巴黎）。

为这一天盖上了黑色印章。只有奥尔良和勃艮第公爵两人，鉴于他们的政治地位，免于一死。

阿赞库尔一战大胜为亨利五世打开了法国的大门。然而，英格兰国王不知如何利用这场胜利获利。即将到来的冬季和供应短缺阻止了英国君主进攻巴黎。在加莱休整了几个星期后，英军决定再次穿过英吉利海峡返回英格兰。

亨利五世等了 5 年才收获了阿赞库尔一战胜利的果实。特鲁瓦条约（1420 年）满足了他对法兰西王位的觊觎。

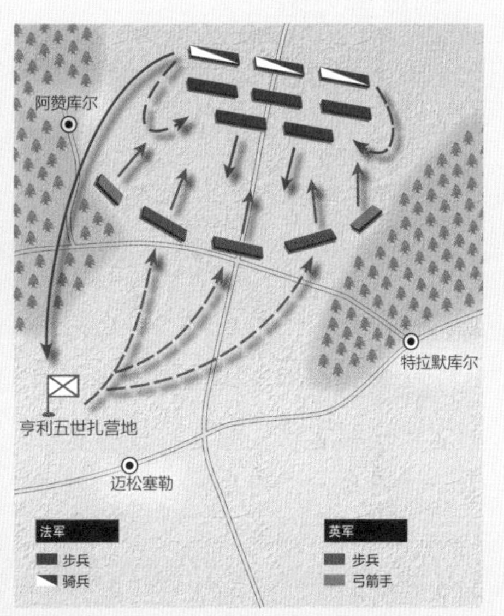

致命的弓箭手，无用的弓弩手 约 4000 名弓箭手组成了英军先锋的两翼。其他弓箭手埋伏在特拉默库尔的树林中，防止被法军包围。部署在骑兵后面的法国弓弩手无法射击。法国骑兵在接近英军防线时被歼灭。

事实上，他正计划与法国国王查理六世的小女儿瓦卢瓦的凯瑟琳联姻。最重要的是，联姻可以为任命亨利五世为法兰西王国摄政王以及查理六世国王王位继承人提供正当理由。几十年来，一直让英法水火不容的法国王位之战最终以两国合二为一告终，而且是由一位英格兰君主来一统两国，这是英格兰的胜利。但在 1422 年 8 月末，亨利五世在万塞讷城堡小住时死于痢疾。他突然去世，且比法国国王查理六世早去世几周，让他登上法国王位的如意算盘无法实现。战争再次爆发，战火又重燃了 30 年。

勃艮第公国

1361年，勃艮第公爵菲利普一世（或鲁夫勒的菲利普）死于鼠疫，终年15岁。他的死亡也给勃艮第王朝——欧洲最繁荣地区之一——的命运画下了句号。勃艮第虽然在理论上与法兰西王国有联系，但始终独立执行本国的方针政策。在没有继承人的情况下，法国国王好人约翰二世主张他对公国的继承权。尽管纳瓦拉的卡洛斯二世对王位也表现出兴趣，勃艮第还是落入了瓦卢瓦王朝手中，并被法国国王约翰二世作为封邑封给他的次子勇敢的菲利普。

瓦卢瓦王朝的菲利普将自己的财富与所属领地勃艮第的繁荣紧密连在一起。1384年，在岳父佛兰德的路易二世（1330—1384）去世后，他将统治范围扩大到佛兰德、阿图瓦、讷韦尔、勒泰勒以及布拉班特和林堡公国。因此，勃艮第公国与佛兰德伯国联合起来，欧洲最富有的两个领土合二为一。通过参与政治事务或者大力支持艺术事业，勃艮第公爵在欧洲占有重要地位。在瓦卢瓦王朝的统治下，音乐、建筑和绘画进入黄金时代，出现了像扬·范艾克这样才华横溢的艺家。

勃艮第公爵在法国内政中也扮演至关重要的角色。勇敢的菲利普二世（1342—1404）和他的儿子无畏的约翰（1371—1419），在查理六世未亲政前分别担任摄政王，并且因为法国王位事宜，在15世纪初领导勃艮第派对抗阿马尼亚克派。在摄政议会内部，阿马尼亚克派（奥尔良派）和勃艮第派水火不容，在1407年因为阿马尼亚克派的领袖奥尔良公爵，即查理六世之弟、瓦卢瓦的路易一世被暗杀，事态发展急转直下。勃艮第公爵无畏的约翰公开承认他参与了此次谋杀事件。

阿赞库尔战役后，起初与英国人结盟的无畏的约翰试图亲近法国国王。1419年9月，当他即将与当时的王太子、未来的法国国王查理七世签署条约时，他在蒙特罗桥上被暗杀，后者目睹了这一切。勃艮第公爵的谋杀由王太子和阿马尼亚克派支持者策划，被认为是为了报复12年前奥尔良公爵暗杀之仇。当时的法国正面临内忧外患，国内陷入内战，外部又有英国虎视眈眈。谋杀勃艮第公爵一事导致法国政治分裂、军事分化趋势更加明显。

这起谋杀案促使勃艮第公爵之子好人菲利普三世加入英国阵营，反对法国国王。英格兰亨利五世的军队成功地征服了诺曼底和法兰西岛。得益于与勃艮第的重新结盟，以及1420年与法国王室签订的特鲁瓦条约，英国人控制了法国北部的大部分地区。在这样的优势下，根据特鲁瓦条约，法国王位由英国兰开斯特家族继承，因此，英格兰剥夺了王太子，即未来的查理七世的继承权，将他和他的支持者们赶到法国中部即卢瓦尔河河谷，从而形成了历史学家所说的“布尔日王国”。

康斯坦茨大公会议

15世纪初，分裂西方教会近40年的冲突终于告一段落，从而终结了两个教皇同时出现的情况，结束了关于罗马还是阿维尼翁作为基督教精神和官方中心的首要地位的辩论，为出于个人利益分别支持法国、阿拉贡或意大利教皇拥趸之间的冲突画上句号。这次大公会议终止了破坏教皇合法性和教会团结基础的西方大分裂。

卢森堡皇帝西吉斯蒙德（1368—1437）在康斯坦茨市召开了这次大公会议，旨在恢复失去的统一并确定罗马教廷的新框架。4年来（1414—1418），辩论主要集中在教皇的选择、新教皇的选举机制以及大公会议决定与教皇权威之间的联系上。几年前（1409年），教会分裂问题已经成为比萨大公会议的主题，但会议谈判没有取得成功。不仅没有解决阿维尼翁教皇本笃十三世和罗马教皇额我略十二世间的争端，而且取代第二位对立教皇亚历山大五世的第三位对立教皇若望二十三世很快就出现了。

在结束分裂局面一事上，卢森堡的西吉斯蒙德坚持不懈，他的坚持很快有了收获。大公会议决定废黜若望二十三世。支持额我略十二世的红衣主教也是如此。只有本笃十三世和他的红衣主教们不满，他们盘踞在佩尼斯科拉（瓦伦西亚和巴塞罗那之间），并在阿拉贡国王的保护下与纳瓦拉和苏格兰同谋抵抗。但能言善辩的西吉斯蒙德说服了阿拉贡国王费尔南多一世，从他那里获得了必要的支持，让一些本笃十三世的红衣主教们同意大公会议的意见并投票支持废黜他。

三位教皇被免职后，需重新选举另一位教皇。在皇帝面前，欧洲他国的君主们

教皇本笃十三世

佩德罗·德·鲁纳（萨拉戈萨省伊柳埃卡镇），原是蒙彼利埃教会法教授，后来成为红衣主教。1394年在克雷芒七世去世后，以本笃十三世的名义被任命为第二位对立教皇。1398年，失去法国君主制支持的他不愿投降，被围困在阿维尼翁的教皇宫。之后，他成功逃到那不勒斯，并得到安茹的路易二世朝廷的庇护。他于1426年去世，头戴教皇的三重冕。

上图 本笃十三世主教的权杖（西班牙国立考古博物馆，马德里）。

试图要求他们也要对教皇的人选有发言权。最终，在1417年9月11日，大家达成了共识。来自罗马最重要家族之一的奥多内·科隆纳以玛尔定五世的名义当选罗马教皇。新任教皇于1420年返回罗马定居。足足花了两代人的时间才结束了天主教会两个教皇同存的畸形。

波西米亚和扬·胡斯

在康斯坦茨大公会议进行教义辩论的时候，波西米亚王国正处在思想潮流对立冲突的旋涡之中。历来支持国内文化发展的波西米亚王室此时

正面临着宗教改革运动的上升。这场由神职人员扬·胡斯领导的宗教改革运动与英国人约翰·威克里夫的教义密切相关。扬·胡斯是一位严谨朴素的说教者，践行苦行主义。

胡斯于1364年出生于胡西内茨，年纪轻轻便在布拉格大学获得了教职。从1402年起，他因在伯利恒教堂讲道并担任巴伐利亚约翰二世之女、瓦茨拉夫四世配偶索菲亚王后的忏悔神父而享有盛誉。这位女士知书达理，她的权势促进胡斯主张的对布拉格大学的一项改革，这导致捷克语教授的地位超过了德语教授。德语教授在大学

弗拉芒艺术的开端

男性殉道者（上）、异教哲学家和犹太先知位于画面左边，女性殉道者（上）、圣人和教皇位于画面右边。画面中间是天使环绕羔羊，圣灵普照。这幅祭坛画是范·艾克兄弟受某个根特市民的私立教堂委托所绘作品。中世纪的理想化让位于对自然的严格观察。《神秘羔羊之爱》内层画板，绘制于1432年（圣巴夫主教座堂，根特）。

市场经济鼎盛时期的意大利城邦

12 世纪初，东方市场向欧洲商人开放。意大利半岛成为与亚洲进行贸易的枢纽。作为香料、丝绸等贸易的中间商，意大利中部和北部的城邦变得富有。

商业交流促进了意大利的城市发展和平民阶级的激增。这一社会阶层在市场上占据了主导地位，就像佛罗伦萨共和国的金弗罗林铸币在13世纪中叶的欧洲广泛流通一样。在此期间，热那亚的发展让比萨黯然失色，而锡耶纳和佛罗伦萨则双双崛起。为了与热那亚争夺海上航线控制权，威尼斯建立了强大的军事舰队。阿尔卑斯山的小领地仍然受到法国和奥德的影响。1311年，重新掌权的维斯孔蒂家族在米兰建立了家族专制，并将统治范围扩大到伦巴第、博洛尼亚、洛迪、帕尔马、皮亚琴察、克雷莫纳、贝加莫、布雷西亚和比萨。14世纪初，威尼斯占领费拉拉，向意大利半岛内部扩张态势愈演愈烈。面对罗马和伦巴第的回击，威尼斯在权衡利弊后，转而入侵亚得里亚海沿岸和东地中海地区。14世纪至15世纪，虽然热那亚勉强维持着统治，但在此期间政权不稳，又经历了几次内战。它采用类似于威尼斯的君主制，但在1393年，5位总督在3个月内相继继任。1396年，法国占领热那亚。

插图　让·加莱亚佐·维斯孔蒂铺设帕维亚查尔特勒修道院的第一块石头，浅浮雕，贝尼代托·布里奥斯科（1460—1517）所作。

米兰主教座堂（第 144—145 页）

米兰主教座堂（意大利语：Duomo）是一座哥特式大教堂，中殿长达 148 米，可容纳 40000 人。它坐落在 1075 年所建的第一座教堂的遗址上。重建工程于 1386 年启动，但由于缺乏资金和合适的项目，直到 16 世纪初才完工。在大教堂建造期间，大主教萨卢佐的安东尼奥的堂兄让·加莱亚佐·维斯孔蒂成为米兰的统治者。

理事会被沦为少数派，他们带着学生们出走，离开布拉格大学，于 1409 年在莱比锡建立了一所新大学。

在教皇亚历山大五世的批准下，气愤不已的布拉格大主教烧毁了威克里夫的著作，并禁止在私人教堂里传教。反对这一命令的胡斯被开除教籍。然而，在索菲亚王后的倡议下，瓦茨拉夫国王捍卫了他宣讲教义的权力。局势剑拔弩张，促使教皇直接干预。胡斯对于获得皇帝敕令的安全通行证胸有成竹，便前去参加康斯坦茨大公会议。

美第奇家族的起源 实力雄厚的银行家科西莫·德·美第奇（佛罗伦萨，1389—1464）反对奥比齐家族的寡头政权和独裁统治，他曾被奥比齐家族掌权人里纳尔多囚禁并被流放威尼斯。奥比齐家族失去对佛罗伦萨的控制后，科西莫于1434年重返佛罗伦萨。然后他担任佛罗伦萨共和国的首脑，并保留了原来的机构。他的权力来自他庞大的客户群，他将这些客户安排在城市的重要岗位。

插图 雅格布·蓬托莫于16世纪所绘科西莫·德·美第奇肖像（乌菲兹美术馆，佛罗伦萨）。

然而，当他于 1414 年 11 月 28 日抵达康斯坦茨时，便以异端名义被捕入狱。

扬·胡斯的审判以对他的谴责告终，这也是威克里夫的异端邪说的审判结局，大公会议此前已经严正谴责了威克里夫教义。胡斯试图反悔，宣称他不同意英国神学家的观点，并请求教皇和波西米亚贵族代为求情，但徒劳无功。1415 年 7 月 1 日结果宣判。6 日，他被带到火刑柱上。胡斯去世 4 年后，支持他的信众胡斯派掀起了一场革命。

维斯孔蒂和美第奇

在意大利，诸如让·加莱亚佐·维斯孔蒂和乔凡尼·德·美第奇此类人物标志着 14 世纪到 15 世纪的转折点。两个人都生活在意大利 14 世纪（意大利语：Trecento）末期，一致认同家庭和城市是社会的两大支柱。米兰和佛罗伦萨的历史和生活方式各不相同，引导二人在两座城市推广了两种截然不同的城市模式。

让·加莱亚佐·维斯孔蒂（1351—1402）出身于一个强大的米兰家族。自 1277 年米兰大主教奥托内·维斯孔蒂掌权以来，维斯孔蒂家族牢牢掌握着这座城市的统治权。中世纪意大利复杂性的特征如联盟、背叛和阴谋，一直伴随着米兰领主的统治。他们的政治和经济规划、他们的联姻，例如让·加莱亚佐·维斯孔蒂与法国国王之女瓦卢瓦的伊莎贝尔的婚姻，在这座城市的历史上留下了长久的印记。

让·加莱亚佐·维斯孔蒂是一位精明能干的外交官，他知书达理又爱好艺术。1387 年，在与盟友反目成仇组成强大的联盟之前，他与帕多瓦城市结盟，这让他一跃成为意大利北部最有影响力的人物。但他的主张遭到了佛罗伦萨的反对，后者领导了一个联盟，成员有帕多瓦的继承人、巴伐利亚公爵和阿马尼亚克的约翰。1389 年，双方爆发第一次战争，接着又在 1397 年重燃战火。

佛罗伦萨试图限制米兰领主日渐膨胀的权力，后者在 1395 年从出身于卢森堡王朝的神圣罗马皇帝瓦茨拉夫那里获得了米兰公爵的头衔，不久之后又获得了帕维亚伯爵的头衔。然而，当让·加莱亚佐在 1402 年去世后，维斯孔蒂家族的权势土崩瓦解。他的两个儿子吉安·玛丽亚和菲利波·玛丽亚对家族的垮台无力回天，被雇佣兵头领穆奇奥·斯福扎尔创立的斯福扎尔家族取而代之。

至于乔凡尼·德·美第奇（1360—1429），其家族在佛罗伦萨没有掌握政治实权。他年轻时跟在叔叔后面做事，当时的社会刚刚走出黑死病大瘟疫的阴霾，正在经历全面转型，金融需求激增，乔凡尼·德·美第奇趁机创建银行并成为当时最繁荣的银行之一。美第奇银行很快在意大利各地建立了分支机构，管理人员均是家族亲近之人或是家族内部人员。

乔凡尼在教会大分裂结束前押注罗马教皇，他给教皇提供财政援助，这使美第奇家族在教皇回归罗马后从继任教皇中获得了特权地位，并享有巨大的税收特权。因此，他们被委托负责征税并获得了新的财富来源，特别是开采明矾矿床，明矾是中世纪纺织工业的重要材料，在当时就跟今天的化石燃料一样具有战略意义。

乔凡尼（据说是欧洲最富有的人）积累的巨额财富为其后代掌握佛罗伦萨政治权力打开了大门。他的儿子科西莫（1389—1464）物尽其用，将经济、政治和文化巧妙地结合，利用自己的经济实力有节制地干预政治并赞助艺术，如此巩固了家族地位，权倾佛罗伦萨，也为他赢得了“国父”这一称号。

战士和政治家

图为百年战争的法国女英雄圣女贞德在查理七世加冕典礼上。这种理想化的表现形式的布面油画是让-奥古斯特·安格尔的作品，绘于1854年（卢浮宫博物馆，巴黎）。

插图（右侧） 阿拉贡的阿方索五世勋章，一位治国有方、能征善战的君主（西班牙国立考古博物馆，马德里）。

政治的力量

从 15 世纪上半叶到中世纪末期，君主制国家变得更加强大，尤其是在百年战争中获胜的法国。然而，贵族不满纷至沓来，地区冲突不断，英格兰、阿拉贡和卡斯蒂利亚地区首当其冲，旧贵族们阻碍了这里现代集权国家的建立。

1420 年，英、法两国持续了一个世纪之久的冲突似乎即将结束。不可否认的是，英国先是占了上风，特别是自兰开斯特的约翰起，他是第一代贝德福德公爵，亨利五世死后，亨利六世尚未成年亲政，他成为军队首脑。1424 年 8 月 17 日，他在韦纳伊战役中赢得了英国最后一次重大胜利。当时形势对英格兰来说再有利不过了。只有王太子——查理六世和巴伐利亚的伊莎贝拉之子——未来的查理七世，阻碍了英国实现完全统治。

然而，贝德福德公爵的兄弟，即兰开斯特的汉弗莱-格洛斯特公爵，和埃诺女

奥尔良少女的成败得失

英国人和勃艮第人在卢瓦尔河谷占领了众多军事要地。自 1428 年 10 月以来，他们围攻奥尔良，为之后征服法兰西王国南部开路。

1429年3月，圣女贞德抵达了查理七世避难处——希农小镇。她向王太子提出帮他解救被困城市并带领他去兰斯加冕。由于她声称得到总领天神圣弥额尔的启示，神职人员在她率军之前对她进行审问和驱邪。她成功地解除了奥尔良之围。在帕提战役（6月18日）期间，英国人采用了他们惯用的战术。但这一次，法国骑兵让英国弓箭手大为吃惊，他们手持蛇炮（一种轻型手铳），身手更加敏捷。一个月后，查理七世加冕为法国国王。总领天神的预言成真了。但在1430年5月23日，围攻贡比涅的勃艮第人俘虏了贞德。

插图 位于巴黎金字塔广场的圣女贞德骑马雕像，由埃马纽埃尔·弗雷米埃于1874年创作。

贞德家族

贞德出身农民家庭，该家族于 1429 年被查理七世国王册封为贵族。由于皇家诏书有一个特殊之处：按照洛林地区的发音方法，省略“y”，所以诏书上写的是“Ay”而不是“Arc”，导致姓氏誊写错误。

插图 贞德家族的徽章。

伯爵雅克莲联姻，这让觊觎埃诺领土的勃艮第的菲利普感到不快。于是，他与英国决裂，法国阵营从此迎来了一线希望。阿蒂尔·里士满，即里士满伯爵、未来的布列塔尼公爵、阿蒂尔三世被任命为法兰西王室统帅，拥有仅次于国王的最高军权。在 15 世纪中叶之前，他在与英国人作战和对抗查理七世的战斗中扮演重要的军事角色。然而，他与查理七世的宠臣乔治·德·拉特雷穆瓦耶竞争激烈，曾试图暗杀他。拉特雷穆瓦耶成功地让里士满失去国王的器重，不久之后，也就是 1430 年初期他自己也失宠了。

在这个结盟、解盟甚至再结盟，一个接一个的盟约舞会中，贝德福德公爵与勃艮第人重新结盟，并于 1428 年向

奥尔良进军。奥尔良仍然是前往图赖讷道路上，也就是查理王太子避难道路上的战略要地。当贝德福德公爵开始通过饥饿手段迫使法国城市屈服时，圣女贞德横空出世。

圣女贞德

圣女贞德于1412年出生在洛林隶属于肖蒙辖区的沃库勒尔领第德栋雷米村。13岁时，这个被当地人称为少女贞德的小女孩儿声称能听到天使的声音。总领天神弥额尔、圣玛格丽特和圣凯瑟琳除了劝诫她要虔诚外，还要求她解放法兰西王国并带领太子登上王位。

1429年2月，经历种种挫折后，这位年轻的女孩儿像往常一样一副男人装扮，隐姓埋名穿过勃艮第，在希农会见了王太子查理。她告诉王太子：奥尔良将被解放，他将在兰斯加冕为国王。王太子的军队有一位著名的上尉，名为约翰二世，是阿朗松公爵，其父在阿赞库尔一战中为国捐躯。阿朗松公爵坚决拥护贞德。她的军事才能和不屈意志让她解奥尔良之围成为可能。

贞德的第二个使命是说服查理七世在兰斯加冕为国王。在卢瓦尔河谷的帕提取得大胜后，查理七世在 1429 年 7 月 17 日举行了加冕典礼。但政治阴谋阻碍了军事行动，反英战争陷入困境。贝德福德公爵虽然失去香槟地区，但仍然占领着巴黎。1430 年 5 月，当贞德被勃艮第人俘虏时，查理七世可能受到拉特雷穆瓦耶影响，没有做出反应。她立即被交给英国人。

被指控异端邪说的贞德在鲁昂接受审判。审判由皮埃尔·科雄主教主导，由法国人、英格兰和勃艮第的支持者组成审判团成员。审判程序杂乱无章。无论如何，必须要给贞德定罪。经过一年多的诉讼，这位年轻女子诚挚地回答了最阴险的问题，查理七世对审判袖手旁观。1431 年 5 月 30 日，“奥尔良的少女”在鲁昂的老集市广场被活活烧死。圣女贞德本已经是女英雄了，对她的审判和死刑更是强化了她的传奇光环。

6 月 7 日，科雄主教分发了一封信，信中讲述了他在年轻女孩儿被处决前几个小时与她的会面，并承认他错了。1455 年，教皇加里多三世授权重新审判。声名烜赫的克里斯蒂娜·德·皮桑，与贞德同时代的文学家，将她树立为女性英雄主义的典范（《圣女贞德的传说》）。这一观点出现在匿名诗《奥尔良围困之谜》中，最重要的是在弗朗索瓦·维庸《昔日美人歌》中也再次出现。自此，贞德与彭忒西勒亚[17]、友第德[18]、底波拉[19]和塞弥拉弥斯[20]等杰出人物一起进入了女性史诗万神殿。女战士的文学维度在阿里奥斯托的《疯狂的罗兰》（1532 年）中得到了有

[17] 彭忒西勒亚，或译潘赛西莉亚，是希腊神话中的一位阿玛宗女王。——译者注

[18] 友第德是犹太民族的女英雄。在亚述人侵占了耶路撒冷期间，她利用自己的美色骗取了侵略者的将军赫罗弗尼斯的信任，在一次后者醉酒后，友第德将其头颅砍下，无人统率的亚述军队也随之溃败了。她的英勇举动吓退了亚述侵略军，拯救了以色列人民。——译者注

[19] 底波拉是古代希伯来人的第四任士师，也是唯一的女性士师。底波拉率领希伯来人成功地反击迦南王耶宾及其军长西西拉的军队。——译者注

[20] 古希腊神话中，塞弥拉弥斯或沙米拉姆是尼诺斯国王的传奇王后，成功地接替了他的亚述王位。——译者注

力的表达。

几个世纪以来，贞德这一人物时而受到尊重，时而受到讽刺，如在伏尔泰的作品中，又在弗里德里希·席勒的悲剧《奥尔良的姑娘》中得到复兴，该悲剧于1801年在魏玛首次上演。出现在剧院舞台后不久，贞德又出现在朱塞佩·威尔第、夏尔·古诺和柴可夫斯基的歌剧中。在19世纪末，马克·吐温提出了他自己对女英雄的看法，夏尔·贝玑也紧随其后。1939年，保罗·克洛岱尔将其作为圣洁的象征（《活性堆上的贞德》），而《法兰西行动》杂志的创始人夏尔·莫拉斯将其视为法国的象征。

百年战争的终结

圣女贞德去世后的几年里，英法间的实力发生了重大转变。贝德福德公爵在世时，双方保持着平衡，但他一去世，他的弟弟格洛斯特公爵汉弗莱和红衣主教蒲福特间的斗争让法国渔翁得利。1436年4月13日，法兰西王室统帅布列塔尼公爵阿蒂尔三世率军进入巴黎。法国王室与勃艮第签订了和平协议，结束了内战（1435年）。获胜后，法国在1444年与英国签订了《图尔条约》[21]。这些事件对需要时间来重组和收复领土的法兰西王国非常有利。

1450年4月15日，福尔米尼战役在诺曼底爆发，法军在火炮的加持下获胜，并随后从英国手中夺回了瑟堡等重要城市。法国缓慢而坚定地收复了英国在欧洲大陆的所有属地和领土。1453年7月7日在阿基坦爆发的卡斯蒂永战役中，英军再次不敌法国炮兵，吃了败仗。自此，吉耶纳没有任何英国武装部队驻军，同年10月19日，波尔多归属法兰西王室。只有加莱仍留在英国人手中。虽然没有签署任何一个和平条约，但百年战争就此画上句号。

从1337年到1453年，也就是在116年里，法、英两国一直在作战，在历经100多年的战争烽火后，没有人记得这最初只是一场君王之间的王位继承冲突。为了结束这一长篇历史并重获人民的拥护，查理七世下令重审圣女贞德一案。1456

[21]《图尔条约》是英法百年战争期间，英格兰王国与法兰西王国签订的最后一个重要条约，也是战争期间法方首次握有主导权的条约。——译者注

百年战争：结局和后果

圣女贞德短暂的军事生涯（1429 年奥尔良至 1430 年 5 月 23 日贡比涅）足以颠覆百年战争的进程。多亏了这位年轻的女英雄，法国人重新获得了战胜英国侵略者所需的勇气、战术技巧和国仇家恨。在这场永无休止的战争中，法国最终获胜，并完整收复领土。

英国议会拒绝继续资助战争。在伦敦的宫廷里，两大派系针锋相对，从法国归来的士兵准备为出价更高的一方服务。而法国则趁着圣女贞德掀起的热潮，发兵收复英军侵略的领土。查理七世将英国人赶出蓬图瓦兹（1441年），接着收复普瓦图、吉耶纳和法国南部。他入侵诺曼底（1449年）并在福尔米尼（1450年）一举捣毁英军。在卡斯蒂永（1453年），法国新的王牌武器火炮，粉碎了什鲁斯伯里伯爵约翰·塔尔博特率领的骑兵冲锋。这场战斗结束了百年战争。除了加莱，英国在法领土丧失殆尽。同年，英格兰国王亨利六世精神崩溃，失去理智。

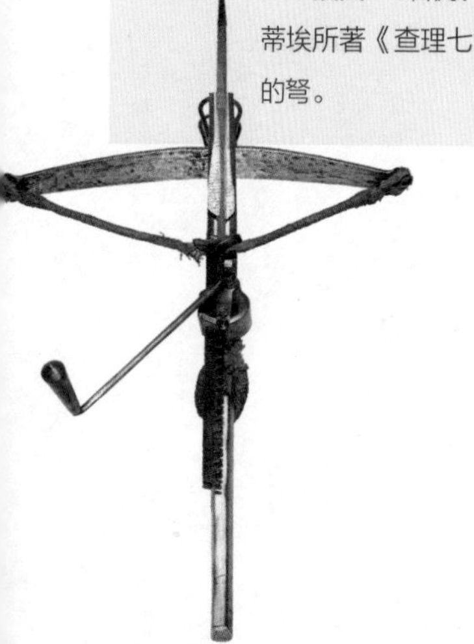

插图 右侧：福尔米尼战役细密画，出自让·夏蒂埃所著《查理七世编年史》的插图。左侧：15世纪的弩。

年，罗马教廷撤销对贞德的判决。女英雄得以平反。她在 15 年前因异端被活活烧死，又在 15 年后被封为圣女。

宽宏的阿方索五世和那不勒斯

1416 年，费尔南多一世去世，其子宽宏的阿方索旋即登上阿拉贡王位，这是一个出乎意料的结果，让人惊讶。对于巴塞罗那、瓦伦西亚或萨拉戈萨来说，在卡斯佩妥协方案后仅仅 4 年，这位年仅 20 岁的王位继承人实际上是一个陌生人。他刚刚娶了卡斯蒂利亚的恩里克三世和兰开斯特的凯瑟琳之女，他的堂妹卡斯蒂利亚的玛丽亚。

除了对新君主的担忧之外，阿拉贡人还有其他忧虑。其中包括艰难的经济复苏、可导致长期债务的永久年金的普及、城市社会阶层之间的差距以及大城市里人文主义和托钵修会间的联系。

宽宏的阿方索迷恋古典文化和地中海世界，他将政治视为一件艺术品，又将艺术本身——不管是勃艮第的艺术还是受古典文化启发的艺术——视为欧洲上层政治的载体。

奥斯曼苏丹巴耶济德给他的统治蒙上了一层阴影，他与勃艮第公爵好人菲利普联合的十字军东征计划也为他的统治烙上了印记。此外，由于城市派系之间的斗争和农村

阿拉贡的阿方索五世和那不勒斯文艺复兴

1443年2月23日，宽宏的阿拉贡国王阿方索五世采用古罗马庆祝凯旋的方式入主那不勒斯的新堡。像罗马人一样，这位君主戴着月桂花环[22]，站在马车上，后面跟着象征财富、节制、正义等主要美德的寓言人物。

阿方索五世命人翻译了许多作品，从亚里士多德到特拉布宗的乔治。他崇尚希腊拉丁文化，委托佛罗伦萨哲学家波焦•布拉乔利尼翻译了色诺芬的《居鲁士的教育》的拉丁版本。生病后，他通过阅读昆图斯•库尔提乌斯•鲁弗斯（亚历山大大帝的罗马传记作家）康复，并与科西莫•德•美第奇和解以换取帝托•李维的手稿。为庆祝征服那不勒斯，他在新堡的入口处用白色大理石建造了一座凯旋门，并在重修城堡后将自己的宫廷搬迁到此处。凯旋门的灵感来自古代雕塑，主要由多梅尼科•加吉尼和弗朗切斯科•劳拉纳完成。多梅尼科•加吉尼建立了一所雕塑学校，在那不勒斯王国发挥了重要作用。弗朗切斯科•劳拉纳是当时最厉害的肖像画家之一。在绘画方面，当地艺术家，如15世纪意大利南部大师安托内罗•达•梅西那，逐渐采用了文艺复兴时期的艺术规则。

插图 阿拉贡的阿方索五世半身像，15世纪作（维也纳艺术史博物馆）。

[22] 在古罗马时代，月桂花环是颁授给兵士的一种奖励品，特别是赐予在战场上凯旋的军队将领。——译者注

领主滥用职权而导致的西方社会分化，也给他的统治添加了浓墨重彩的一笔。在他统治期间，加泰罗尼亚局势剑拔弩张，几年后随着农奴起义（加泰罗尼亚语：remença，即农奴为摆脱对土地的封建奴役而付出的赎金）更是岌岌可危。

宽宏的阿方索提出了种种倡议，其中最突出的是对地中海的干预主义，这影响了他的国内政策和外交政策。这位年轻的国王从 1420 年开始干预意大利政局，阻止了撒丁岛若干起义。在接到那不勒斯女王乔万娜二世的求援请求之前（安茹的路易三世要求继承乔万娜二世王位），他还曾短暂入侵科西嘉。作为曾经统治西西里王国的霍亨索伦王朝的后裔，这位痴迷于那不勒斯的阿拉贡国王雄心勃勃，打算定都那不勒斯。

从 1421 年到 1435 年，那不勒斯成为 7 位君主逐鹿的对象，其中包括那不勒斯女王乔万娜二世和宽宏的阿方索，当然还有安茹的路易三世和他的弟弟勒内一世，教皇安日纳四世，卢森堡王朝的西吉斯蒙德皇帝，弗朗切斯一世·斯福尔扎和米兰领主菲利波·玛丽亚·维斯孔蒂，所有这些地中海政治的重量级人物都在争夺那不勒斯王国这个迷人的战利品。对于宽宏的阿方索来说，争夺那不勒斯代表了巨大的人力和财力投资，这让阿拉贡的城市精英感到不安，因为国王的计划不符合他们的短期追求。

1435 年，女王乔万娜二世去世后，安茹的勒内被她立为继承人，但遭到教皇安日纳四世否决，这促使阿拉贡的阿方索五世与他的兄弟和王国的贵族挥师征服那不勒斯。幸运并没有对他微笑，因为在围攻加埃塔期间，阿拉贡舰队在 1435 年 8 月 4 日被蓬扎岛对面的热那亚舰队击败。阿拉贡国王和纳瓦拉国王被俘并交给菲利波·玛丽亚·维斯孔蒂。

阿拉贡在那不勒斯王国的冒险似乎注定要结束，但当阿拉贡国王和维斯孔蒂结盟时，冲突又卷土重来。宽宏的阿方索转败为胜。他与菲利波·玛丽亚·维斯孔蒂的联盟开辟了那不勒斯王国征服之路。1443 年 2 月 23 日，他凯旋进城，并决定将宫廷搬到这里。那不勒斯的美丽让阿拉贡的阿方索五世为之着迷，此后他一直待在这里，通过下属远程管理其他王国。

玫瑰战争

在英格兰，兰开斯特家族和约克家族这两个主要贵族家族为争夺王位斗争了几十年。玫瑰战争随着新王朝——都铎王朝的兴起而告终。玫瑰战争起源可以追溯到1399年，兰开斯特家族的亨利四世推翻理查二世后即位。亨利和理查是堂兄弟。他们是英格兰国王爱德华三世的孙子，父亲分别是兰开斯特的约翰和黑太子爱德华·金雀花。

兰开斯特家族共有三位君主，分别是亨利四世（1399—1413年在位）、其子亨利五世（1413—1422年在位）及其孙亨利六世（1422—1461年在位），在前两位君主统治时期，英国在法国取得众多军事胜利。亨利六世在位期间，政治形势变得艰难，让他在英格兰广受谴责。人们批评他软弱无能、易受他人影响，其近臣更关心个人利益而不是国家利益。

由于亨利六世国王开始患有精神障碍，面对这种情况，第三代约克公爵理查·金雀花在1453—1455年被任命为护国公，并要求继承王位，遭到安茹的玛格丽特王后和忠于亨利六世的贵族们的拒绝，武装冲突由此爆发。兰开斯特家族和约克家族之间的战斗从1455年持续到1460年，直到北安普敦战役让天平向约克公爵一方倾斜。深遭背叛的亨利六世兵败后被关押在伦敦塔，理查要求议会认可约克家族继承亨利六世王位的权利[23]。

但这一妥协方案没有让两大家族满意，双方再次兵戎相见。对于约克家族来说，理查·金雀花在韦克菲尔德战役中战死沙场，这是一场灾难性的战役。约克家族在圣奥尔本斯再次遭遇挫折，兰开斯特的支持者们将冲突转移到伦敦，设法将亨利六世从监狱中解救出来，这是一个戏剧性的转折。但约克家族在大规模战役——陶顿战役中获胜，这让理查·金雀花的长子爱德华得以以爱德华四世的名义于1461年加冕为英格兰国王。

爱德华四世在位初期的平静在1464年被打破。国王与伊丽莎白·伍德维尔秘

[23] 史称《调解法案》，于1460年10月25日被英国议会通过。根据该法案，亨利六世将终身保留王位，但约克公爵理查及其继承人将继承王位，排除了亨利六世之子，威斯敏斯特的爱德华。亨利被迫同意了这项法案。——译者注

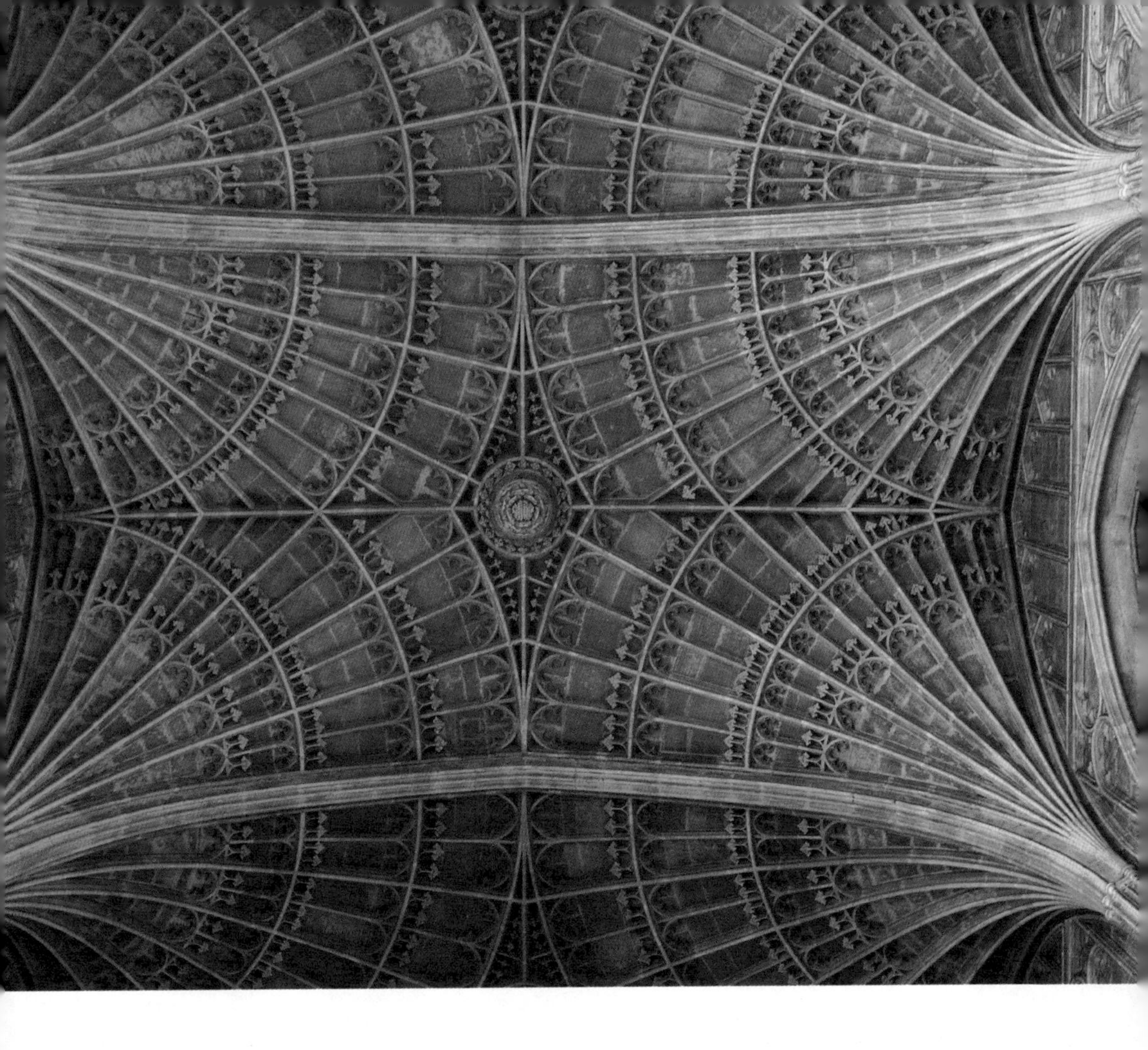

密结婚破坏了沃里克伯爵兼国王顾问理查德·内维尔的计划[24]，后者转而与兰开斯特家族结盟。数次交锋后，爱德华四世被迫流放，亨利六世复位。亨利六世的第二次统治很短暂。爱德华在勃艮第公爵军队的帮助下，最终夺回王位，结束了兰开斯特家族的反叛。亨利六世再次被囚于伦敦塔，并于那里去世。两大家族间的冲突似乎已经平息。但当爱德华四世去世时，爱德华五世、格洛斯特的理查和亨利都铎之间又爆发了新的冲突。

[24] 在此之前，沃里克计划让爱德华国王和法国萨伏伊公爵路易的女儿博纳联姻，但爱德华四世在没有告知他的情况下擅自与伊丽莎白·伍德维尔结婚了，从而破坏了沃里克的计划。——译者注

国王学院礼拜堂

在创建伊顿公学后，亨利六世于1441年创建了剑桥大学这所著名的国王学院。直到1865年，这里只录取来自伊顿公学的学生。小教堂的内部于1544年完工。它的扇形穹顶是英国晚期哥特式的杰作。

《贝里公爵的豪华时祷书》

《贝里公爵的豪华时祷书》被认为是中世纪晚期细密画艺术和王室赞助的杰作，由林堡兄弟的保罗、让和赫曼创作。贝里公爵约翰想为自己卓越的藏书增添一颗宝石，林堡三兄弟在1413年至1416年受他委托绘制了这幅作品的大部分装饰图。1416年，公爵和三兄弟死于黑死病，留下未完成的遗作。1483年，另一位伟大的装饰画大师让·科隆布受萨伏伊公爵所托，继续林堡兄弟的创作，并增添了自己的风格。这本书共412页，包含131个彩色细密画和3000个金银首字母。现藏于尚蒂伊孔代美术博物馆，是其时代瑰丽的见证。

黄道十二宫图人像 该细部图出自《贝里公爵的豪华时祷书》，其含义是一个谜。这是一个意大利风格的生肖曼陀罗，中心有一位年轻男子和一位年轻女子。

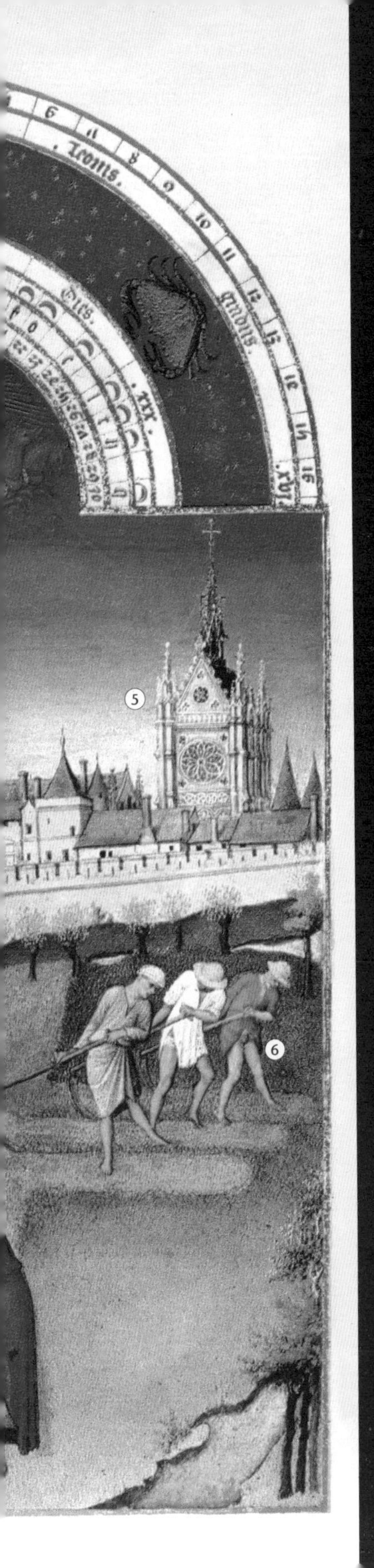

贝里公爵——大方的约翰

约翰是法国国王好人约翰二世的第三子，拥有贝里和普瓦图两处采邑。同时，他也是奥弗涅、布洛涅和蒙庞西耶的伯爵。1360年，其父王在普瓦捷战役为英国人所俘，后以贝里公爵作为人质交换回到法国，贝里公爵一直被囚禁至1367年。他与安茹的路易斯并肩作战。在这个细密画中，这位伟大的赞助人坐在桌旁，身着蓝色西装、头戴皮帽。

❶ 彩色装饰画　在131个细密画中，有66个大型细密画（尺寸：21厘米×29.7厘米）。其他65个小型细密画尺寸不一。它们描绘风景、乡村或宫廷的日常生活场景等。

❷ 日历　这本书明确规定了一年中每一天要完成的工作、日课时间和宗教节日，并列出了天文数据，例如月球和太阳周期以及天数。

❸ 数字和字母　祈祷和日课文本文集、祈祷书、圣诗集是中世纪末期的流行作品。日历数字、书法、起始字母和页面边缘都有装饰。

❹ 人物　这幅细密画是给6月加的插图，描绘了三人在收割干草，两名农妇在收拢干草。其他较小的人物出现在船上、楼梯等背景中。

❺ 景观　图片描绘了贝里公爵位于塞纳河畔的巴黎住所——内尔斯公馆周边的景观。其对岸是城岛宫、时钟楼，其右侧则是圣礼拜堂外立面。

❻ 活动　这个细密图以田野劳动为主题，描绘了干草的制作过程。干草被割下（右），摊开在阳光下暴晒，然后在晚上堆成垛以防雨露淋浴。

北欧王国卡尔马联盟

1387年丹麦和挪威国王奥拉夫二世去世后，其母玛格丽特一世担任这两个王国的摄政王。次年，她击败并囚禁了瑞典梅克伦堡王朝的阿尔伯特国王，从而实现了这三个斯堪的纳维亚君主国的统一。

斯堪的纳维亚王国联盟于1397年6月17日在瑞典东南沿海城市卡尔马一次大会上成立，出席会议的有贵族、大贵族、教会显要和政府高官以及众多三大王庭的相关代表。但玛格丽特一世并没有签署三方协议，而是授予她侄孙波美拉尼亚的埃里克挪威、瑞典和丹麦三国君主权力，而后者当时年仅6岁。她一直担任摄政王，直到1412年去世。根据《卡尔马协议》，联邦君主此后将由波美拉尼亚的埃里克的继承人担任，如果没有继承人的话，由三国选出一位君主担任。如果成员国受到外部攻击时，其他成员国都应提供军事援助，但各自保留法律和司法权，并且无权在其境外立法。1436年，在卡尔马召开的另一次大会决定由联邦君主任命军事首脑。联邦君主也将交替居住在每个王国。但在1442年，挪威和瑞典废黜了埃里克，并任命他的侄子巴伐利亚的克里斯托弗为继任者。当后者于1448年去世时，丹麦和瑞典分别选择欧登堡的克里斯蒂安（克里斯蒂安一世）和卡尔·克努特松（卡尔八世）作为继承人。两个王国之间的不和超越了联盟，最终导致联盟在1523年分崩离析。

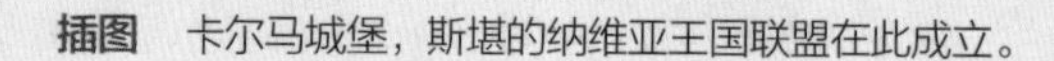

插图 卡尔马城堡，斯堪的纳维亚王国联盟在此成立。

斯堪的纳维亚和汉萨同盟

1370年，丹麦国王瓦尔德马四世与汉萨同盟（北海和波罗的海诸商业城市的联盟）签署《施特拉尔松德条约》，平息两个大国之间的风波。汉萨同盟因此能够腾出手来对付粮食兄弟会（德语：Vitalienbrüder）的海盗行为，后者依靠当地同谋将独立的哥特兰岛作为巢穴。这些海盗被赶出波罗的海后又来到北海。虽然大部分海盗丧命，但直到1400年，这一海盗群体才在汉堡被彻底歼灭。

获胜后，汉萨同盟的城市对卡尔马联盟（丹麦、瑞典和挪威

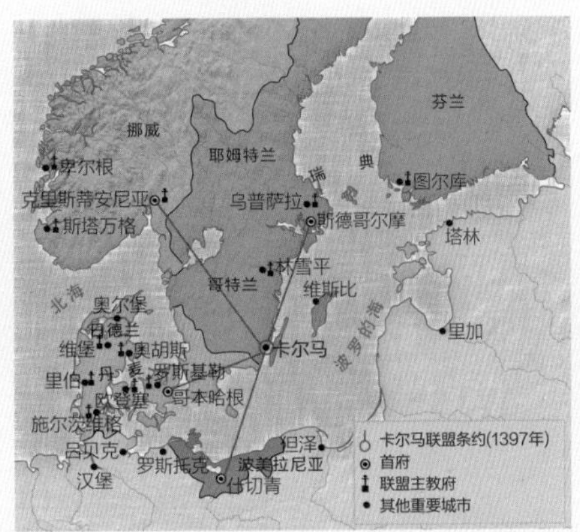

三个联合王国　直到11世纪，维京人在北欧大肆掠夺和侵占土地。在12世纪至13世纪，他们从南欧消失了。14世纪初，挪威、瑞典和丹麦（一个属于日耳曼势力范围的王国）结盟成立卡尔马联盟。在15世纪下半叶，受到赋税和关税压迫的农民纷纷在瑞典、挪威和芬兰起义。德国和丹麦实行的措施是这些叛乱爆发的主要根源。瑞典与德国和丹麦针锋相对结束了斯堪的纳维亚的统一。

插图　卡尔马联盟成员国地图。

三个斯堪的纳维亚王国组成的共主联邦）[25] 更加友好。相较于条顿骑士团，它们更喜欢卡尔马联盟。但在 1412 年，联邦摄政女王玛格丽特一世的离世引起局势动荡。波美拉尼亚的埃里克成为联盟的君主（1412—1439 年在位），这让斯堪的纳维亚和汉萨同

[25] 卡尔马联盟是 1397 年至 1523 年由斯堪的纳维亚的丹麦、瑞典（包括芬兰）和挪威（包括冰岛、法罗群岛、格陵兰、设得兰和奥克尼）为主组成的共主邦联。1397 年 6 月在瑞典卡尔马城结成联盟后，挪威、瑞典和丹麦三个王国共同拥戴一个君主。各国交出其主权，但无损各自的独立地位及分歧的利益。不过从 15 世纪 30 年代开始，瑞典贵族对于丹麦及荷尔斯泰因在管治中所占的主导地位大为不满，成为联盟继续的阻碍，并引起纠纷。到了 1520 年，丹麦国王克里斯蒂安二世出兵镇压瑞典境内反卡尔马派，并于承诺特赦后反悔及大肆屠杀反卡尔马派贵族，史称斯德哥尔摩大屠杀。幸存贵族古斯塔夫 · 瓦萨愤而揭竿起义，发动瑞典解放战争，最后驱逐丹麦军并登基称王，联盟正式宣告瓦解。——译者注

盟之间本就存在的冲突重新抬头。

石勒苏益格是冲突的主要对象，它本身是丹麦的一个公国，隶属于荷尔斯泰因伯爵领地，而后者又隶属于神圣罗马帝国。玛格丽特王后和波美拉尼亚的埃里克国王曾试图在这片领土上恢复丹麦王室的权威，但徒劳无功。1435 年，埃里克国王让步，签署了沃尔丁堡和平协议，承认了荷尔斯泰因伯爵盟友汉萨同盟的胜利。

协议规定，荷尔斯泰因伯爵阿道夫・德・绍恩堡可以保留石勒苏益格公国，而不必向国王宣誓。该协议还确认了汉萨同盟在斯堪的纳维亚联合王国的特权，也就是说，他们的商业垄断。在丹麦皇家委员会施压下，埃里克在签订沃尔丁堡和平协议后退位。与 1375 年一样，汉萨同盟在继承纠纷中扮演仲裁者的角色，公开支持巴伐利亚的克里斯托弗三世，即莱茵-普法尔茨伯爵继承联盟王位。

沃尔丁堡和平协议的影响是短暂的。克里斯托弗一世国王和他的继任克里斯蒂安一世都没有延续波美拉尼亚的埃里克一世的政策。他们限制汉萨同盟在其领土上的活动，扶持斯堪的纳维亚和荷兰商人。

1459 年，阿道夫・德・绍恩堡去世却没有留下继承人，情况变得错综复杂。石勒苏益格公国和荷尔斯泰因伯国贵族随后宣布丹麦的克里斯蒂安一世为荷尔斯泰因伯爵，从而突然为丹麦统治吕贝克和汉堡打开了大门，给强大的汉萨同盟的霸权带来了威胁。事实上，在接下来的几年里，荷兰人在整个波罗的海发展贸易，丹麦王国成为北欧的一个大国。

卢森堡王朝的终结

1421 年，当卢森堡皇帝西吉斯蒙德决定将他的独女伊丽莎白嫁给奥地利公爵阿尔布雷希特五世时，神圣罗马帝国已陷入寸步难行的境地。卢森堡家族、维特尔斯巴赫家族、韦廷家族、哈布斯堡家族和霍亨索伦家族之间的冲突，让统一的政府变为不可能。西吉斯蒙德皇帝于 1437 年 12 月 9 日在摩拉维亚去世。在他葬礼后，匈牙利的选帝侯们明白，领导帝国的艰巨任务必须落到一个拥有广阔领土并证明自己有能力保卫多瑙河边界的王子身上。这一决定标志着卢森堡王朝对神圣帝国统治的终结。

选择落在了西吉斯蒙德的女婿阿尔布雷希特五世身上，他是匈牙利和波西米亚的国王，哈布斯堡王朝的奥地利大公。1438 年 5 月 4 日，选帝侯任命他为罗马人民的国王，认为他思想坚定、身健体壮、廉洁正派，除了会德语不会说其他语言，面对奥斯曼帝国的虎视眈眈、波西米亚的叛乱和岌岌可危的王权，他能游刃有余。

以阿尔布雷希特二世的名义成为神圣罗马帝国的皇帝后，他知道如何严酷镇压波西米亚和西里西亚的叛乱，但在对抗奥斯曼帝国时却没有那么成功。1439 年，他遭遇严重挫折，并在撤退时死于痢疾。随着他去世，在德国领土上采取联合一致的行动再无可能，统一奥地利、波西米亚和匈牙利权力的希望也随之破灭。

神圣帝国边境的大国纷纷利用这段危机时期发展自己。在北部，汉萨同盟巩固了其对斯堪的纳维亚半岛、荷兰和波罗的海海盗的海上霸权。南方城市建立了寡头政治，由行会和城市贵族共治。此外，由于缺乏中央集权，易北河以东地区广大的农业庄园势力崛起，通过剥削无地的农奴和出口谷物敛财。生活在当时欧洲最自由的勃兰登堡、波美拉尼亚、西里西亚和波兰的农民也因此受到奴役。

对神圣帝国而言，唯一的希望在于出现能够应对两大挑战的新君主：降服贵族显要世家和平定多瑙河边界。这个天选之子是施蒂里亚（今奥地利南部）公爵恩斯特一世之子，施蒂里亚的腓特烈。当他以腓特烈三世的名义登上神圣帝国的宝座时，年仅 25 岁，之后他将统治帝国长达 54 年。腓特烈在成为神圣罗马帝国皇帝时娶了葡萄牙公主、航海家恩里克王子的侄女莱昂诺尔。腓特烈是哈布斯堡王朝第一位皇帝。1440 年，他被选为罗马人民的国王，1448 年与罗马教廷谈判签订了维也纳和解协议，1452 年被教皇尼古拉五世加冕为皇帝。

皇帝腓特烈三世

在 14 世纪中叶（《金玺诏书》）改革后，政治在神圣罗马帝国中占据了首要战略地位。神圣罗马帝国普世主义幻想的放弃和皇帝领土权力的减少，助长了大贵族世家的权威。国家构成了皇帝和各地政府一样必须依靠的权力基础，是他们进行政治干预和实现政治企图的后盾。因此，每一方的权力都依赖于他们家族的资源。

15 世纪哈布斯堡王朝的政权

1395—1404年

阿尔布雷希特四世 他是奥地利公爵，是奥地利阿尔布雷希特三世和纽伦堡的比阿特丽克斯之子，娶巴伐利亚的约翰娜-索菲为妻，生有阿尔布雷希特五世。

1402—1415年

腓特烈四世和西吉斯蒙德一世 因为支持对立教皇约翰二十三世，奥地利的腓特烈四世被西吉斯蒙德皇帝废黜并驱逐出帝境。

1438—1439年

阿尔布雷希特五世 1404年，他是奥地利大公，1438年以阿尔布雷希特二世的名义统治神圣罗马帝国，1439年死于瘟疫。

1440—1453年

遗腹子拉斯洛五世 他是奥地利公爵，也是波西米亚和匈牙利国王，是阿尔布雷希特五世之子，支持波兰-匈牙利王朝联盟。

1452—1493年

腓特烈三世 在统治罗马帝国期间，他必须面对奥斯曼帝国、勃艮第、匈牙利和瑞士多方夹击。

1493—1519年

马克西米利安一世 奥地利公爵和神圣罗马皇帝，娶勃艮第的玛丽为妻。在担任神圣罗马帝国皇帝期间，他铁腕统治、开疆拓土。

在这一背景下，高等贵族的领土和影响力是同步发展的，随着他们的领土扩大和领地发展，他们在帝国范围内的影响力越来越大，哈布斯堡王朝是帝国内部新的权力平衡的一个例证。腓特烈三世（1452—1493 年在位）是最生动的例子。他是施蒂里亚公爵恩斯特一世之子，自 1439 年起，成为堂弟蒂罗尔大公西吉斯蒙德和侄子——波西米亚和匈牙利的国王拉斯洛——的监护人，统治奥地利。在继阿尔布雷希特二世之后被选为皇帝并于 1452 年在罗马庄严加冕时，他的影响力骤然提升。

由于缺乏经济资源，腓特烈三世统治的最初几年具有一定的脆弱性。选帝侯知道这一情况，认为这种弱点可以让皇帝更具可塑性，所以选中了他。但是，尽管他一直保持谨慎，腓特烈三世的天平还是一点一点地向自己倾斜了。

在意大利人文主义者恩尼亚・席维欧・皮科洛米尼，即日后的教皇庇护二世的指导下，皇帝在结束西方大分裂的巴塞尔大公会议的公开冲突中站在了罗马一边。这一决定加强了他对德国主教的权威，从维也纳和解协议（1448 年）和教皇尼古拉五世为其加冕（1452 年）中可窥见一斑。腓特烈三世还设法通过干预帝国资政院——讨论皇帝决定的帝国委员会的设立来限制选帝侯的不良意图。

重新统一奥地利家族的领土和保护哈布斯堡家族的财产也是腓特烈三世政策的重中之重。他与他的兄弟奥地利大公阿尔布雷希特六世的冲突一直持续到 1463 年。他的侄子，即波西米亚和匈牙利的国王遗腹

匈雅提·亚诺什，解放贝尔格莱德的匈牙利民族英雄

1448年9月，在第二次科索沃战役惨败后，塞尔维亚被土耳其人占领。匈牙利摄政王匈雅提·亚诺什被塞尔维亚暴君杜拉德·布兰科维奇俘虏，后者要求匈雅提支付赎金赎回人身自由，并要求匈雅提交出匈牙利的封地以及匈雅提长子与他女儿的婚姻。

1453年，苏丹穆罕默德二世先是攻陷君士坦丁堡，接着开始征服匈牙利。他远征的第一个目标是贝尔格莱德。匈雅提·亚诺什从1455年底开始组织抵抗，为这个塞尔维亚的堡垒提供食物和武器。他在那里还有一支庞大的驻军，由他的儿子拉斯洛指挥。在土耳其人到来前不久，他召集了雇佣兵、骑兵和一支由30000人组成的200艘护卫舰队。1456年7月4日，苏丹率领70000名士兵先于匈雅提抵达贝尔格莱德并包围了这座城市。城墙后面的匈牙利人数不超过7000人。穆罕默德二世安排野战炮兵攻打城堡的城墙，又将轻骑兵部署在东边即多瑙河畔。7月14日，正在靠近贝尔格莱德的匈雅提舰队在一场海战后打破了奥斯曼帝国的封锁。7月21日晚，穆罕默德二世下令进攻。在希腊火的威力下，近卫军脱离了大部队，寡不敌众被包围，并被一举歼灭。匈牙利卫戍部队出城与奥斯曼骑兵作战，卡皮斯特兰的约翰率领2000名十字军向奥斯曼防线发起冲锋，匈雅提率领匈牙利骑兵袭击奥斯曼炮兵。穆罕默德不得不撤退到君士坦丁堡。三周后，匈雅提死于瘟疫。

插图 位于胡内多拉市的科尔文城堡（特兰西瓦尼亚）。

西吉斯蒙德皇帝（第169页）

西吉斯蒙德死后没有继承人，神圣罗马帝国的权力落入哈布斯堡王朝的手中。这导致受到奥斯曼帝国威胁的波兰和匈牙利王国进行联合，前者已经征服了保加利亚、塞尔维亚和瓦拉几亚。教皇安日纳四世鼓励组织十字军东征，并派出红衣主教塞萨里尼和传教士卡皮斯特兰的约翰。上一页：天主圣三教堂一组壁画上的西吉斯蒙德皇帝画像，德国康斯坦茨。

子拉斯洛五世，在1457年去世，导致了权力斗争以及匈牙利马加什·科尔文和波西米亚伊日·波杰布拉德的选举。哈布斯堡王朝由此在几十年间失去了对这两地的统治。

失去波西米亚和匈牙利只会加剧帝国的另一个担忧：帝国东部边境处，土耳其的进攻势不可当。1453年春，苏丹穆罕默德二世攻占拜占庭帝国千年古都君士坦丁堡。这不论是在战略上还是在心理上，都是一次重击。自14世纪以来，拜占庭帝国一直饱受奥斯曼帝国的攻击。后者逐渐征服了拜占庭在

伟大的十字军指挥官 匈雅提·亚诺什与奥斯曼土耳其人交手作战20年之久，直至作为十字军在贝尔格莱德战役丧生。他支持正统派，是波兰-匈牙利联盟的推动者。在多瑙河和贝尔格莱德取得大胜前，他也曾在克鲁舍瓦茨、尼什、皮罗特和索非亚大败苏丹穆拉德二世。这些战绩让收复塞尔维亚北部领土和与苏丹谈判达成10年和平成为可能。但在罗马鹰派塞萨里尼的压力下，匈雅提·亚诺什自己提前结束了这场休战，一个让他在穿越多瑙河后，在瓦尔纳一败涂地的决定。

插图 科尔文城堡的匈雅提雕像。

小亚细亚和欧洲的领土，先是占领了达达尼尔海峡的加里波利半岛，接着又占领了塞萨洛尼基，从而大大削弱了对君士坦丁堡的保护，正如 1396 年土耳其在尼科波利斯大胜十字军一样。首都君士坦丁堡以及整个拜占庭帝国最终在 1453 年彻底沦陷。自此，神圣帝国及其位于东南部的外围领土在强大的奥斯曼帝国面前变得脆弱不堪，后者成为巴尔干大部分地区的主宰。

多瑙河边界

帖木儿突厥-蒙古大军在安卡拉战役（1402 年）中战胜了奥斯曼苏丹巴耶济德，为多瑙河的基督教王国提供了喘息的机会。它们利用这段时间巩固了与拜占庭皇帝的关系，而该地区的主要冲突一直让匈牙利王国和奥斯曼帝国针锋相对。

1439年奥地利的阿尔布雷希特五世[26]去世后，他的遗孀伊丽莎白，即尼科波利斯战役中功败垂成的英雄西吉斯蒙德之女，生下了一个孩子，因为是在父亲死后出生的，所以孩子名为遗腹子拉斯洛五世。拉斯洛五世的一位监护人，即匈雅提·亚诺什结束了土耳其掠夺者的暴行，并在与苏丹作战中取得了几次胜利。

1442年，在教皇的支持下，波兰国王瓦迪斯瓦夫三世·雅盖隆（1434—1444年在位）开始统治匈牙利王国，抗击奥斯曼帝国。在教皇特使朱利亚诺·切萨里尼的帮助下，他在1443年的尼什夜战中获得胜利。这次出乎意料的胜利迫使苏丹缔结为期10年的休战条约。在塞格德签署的条约条款之一便是禁止双方越过多瑙河攻击敌人。但瓦迪斯瓦夫三世显然不愿意遵守这一条款。

仅仅几个月后，波兰国王就率领15000人的大军渡河，向黑海沿岸城市瓦尔纳进发。保加利亚人让他更加坚定了这个错误观点，即苏丹被亚洲遥远地区的事务缠身，分身乏术。基督教大军及其14000名士兵登上热那亚船只，在几周内到达博斯普鲁斯海峡，挥师北上。

战斗于1444年11月10日在瓦尔纳附近爆发。基督教军队由匈雅提·亚诺什和瓦迪斯瓦夫三世国王指挥，而对面的奥斯曼军队则由苏丹本人指挥。波兰和匈牙利骑兵照常策马冲锋，他们势不可当，包括近卫军在内的奥斯曼军队招架不住。

当胜负似乎已分的时候，瓦迪斯瓦夫三世战死的谣言传开了。国王确实在混战中被苏丹近卫军击下马。奥斯曼士兵砍下他的头，插在木桩上，以示胜利。匈牙利和波兰骑士士气大减，恐慌情绪在军中蔓延开来。塞萨里尼红衣主教在踩踏中丧生，这比战斗本身更致命。

瓦尔纳战役给东欧政治带来了严重的后果。首先，它结束了由瓦迪斯瓦夫三世·雅盖隆建立的匈牙利和波兰王国的联盟。卡齐米日四世成为波兰国王，而匈雅提·亚诺什成为匈牙利的摄政王，直到遗腹子拉斯洛五世去世。在摄政期间，匈雅提重组军队，在教皇和威尼斯共和国支援下开战。1448年，他向科索沃进军，59

[26] 阿尔布雷希特二世（1397年8月10日至1439年10月27日），哈布斯堡王朝的奥地利大公（称阿尔布雷希特五世，1404—1439年在位），匈牙利国王和波西米亚国王（1437—1439）。1438年，他被选为“罗马人民的国王”，但未能加冕为神圣罗马帝国皇帝。——译者注

年前（1389 年），塞尔维亚和匈牙利正是在这里被打得落花流水。第二次战斗复制了第一次的结局，匈雅提被迫逃到荒芜之地。

奥斯曼帝国的进攻

1421 年苏丹穆罕默德一世去世后，其子穆拉德二世（1421—1451 年在位）继续推行奥斯曼帝国在巴尔干半岛的扩张政策。只有两个大国反对新苏丹的企图：匈牙利和威尼斯。后者在与穆罕默德一世的海战中，刚刚取得胜利。但由于缺乏陆地部队，威尼斯无法巩固其海上胜利的果实。因此，穆拉德二世能够在 1430 年征服巴尔干半岛的战略要塞塞萨洛尼基。14 世纪时期，皇帝曾偶尔在这里居住，同时它也是主要的商业十字路口，是拜占庭帝国继君士坦丁堡之后最重要的城市之一。在 14 世纪的最后 20 年和 15 世纪 20 年代，它多次遭受奥斯曼帝国的围攻和入侵。这就是为什么奥斯曼帝国集中全力攻占这个港口，因为它确实在地中海扮演重要角色，也是奥斯曼维持其在欧洲存在感不可或缺的军事基地。

拜占庭皇帝是塞萨洛尼基的合法统治者，他什么都做不了，只能观察发展动向。塞萨洛尼基居民要求威尼斯军队取代帝国军队，但形势并没有得到改善。1429 年，也就是被征服的前一年，这座城市几乎变成了一座鬼城。事实上，多达四分之三的居民已经逃离此地。只剩下大约 10000 人，食物供应不容乐观。威尼斯的船只只是偶尔设法给这里运送谷物。

苏丹得知塞萨洛尼基居民投降的打算。1430 年 3 月 29 日黎明，他发动了最后的进攻。奥斯曼军队向城墙发起进攻，设法越过最高的塔楼。当城门打开时，威尼斯特遣队也抵达港口，在这里，双桅战船等着载他们离开。教堂和公共建筑被奥斯曼洗劫一空。苏丹在非人手所造像教堂庆祝胜利，并将其改造成清真寺。一个简短的铭文提醒着这些事实：“苏丹穆拉德在 833 年占领了塞萨洛尼基。”（相当于 1430 年）

1444 年，雄心勃勃、穷兵黩武的年轻国王穆罕默德二世继承了其父穆拉德的帝位。他在血腥的杀戮中登上帝位，包括下令淹死胞弟艾哈迈再将其处死。稳固帝位后，他立志征服拜占庭帝国首都君士坦丁堡，这个他父亲曾经放弃的目标。

档案：汉萨同盟

汉萨同盟建立在合作和共同防御的原则之上，好让其成员能够成功应对欧洲特有的政治分歧。

罗伯托·萨巴蒂诺·洛佩兹（1910—1986）是一位专门研究中世纪经济的美籍意大利历史学家，他将“北方的地中海”定性为由北海和波罗的海组成的整体。这一表述获得了巨大成功，因为它正确地强调了地中海与北欧广阔海峡的相似之处。

这两个地理区域之间确实有许多相似之处，并且涵盖了地理和贸易关系等各式领域。日德兰半岛向北延伸，就像意大利的靴子指向南方一样。此外，吕贝克和汉堡的功能和历史悠久的地中海贸易城市威尼斯和热那亚类似。这些城市位于半岛的两侧，围绕着一个连接不同民族和王国的海洋空间勾勒出它们的影响范围。他们发展了异常活跃的商业网络。在地中海和在波罗的海地区一样，一群富有的商人指

汉堡港 它创建于1189年，在接下来的一个世纪成为汉萨同盟——波罗的海和北海城市联盟的重要组成部分。

左图 绘于15世纪的港口细密画。

北欧体系船只

12世纪，北欧海域和地中海出现了第一代寇克船。这些快船最多可以有三个帆。在11世纪曾被维京海盗广泛使用的北欧单桅商船可能是横帆和纵帆寇克船的雏形。13世纪沿大西洋沿岸航行的船只也借鉴了它的外形。这些船更加宽敞、航行速度更慢，主要用于货物运输，有时也用于军事目的。北方寇克船的特点是只有一个横帆，其迎风面通过减少或增加缩帆带（在北海强风大浪中无法操纵前后锁具）进行调整。与维京船的弯曲船首不同，14世纪航行速度更快的寇克船的船首是直的。寇克船在船首有第二层甲板。船尾与水平面成60°，与直而高的龙骨连在一起，限制了横向漂移。它的长度增加了（达30米，比13世纪的寇克船增加了10米），因此承载能力也得到增加，这让寇克船成为在北海强风大浪航行的理想船只。

插图 14世纪汉萨同盟城市施特拉尔松德的印章，图案为一只寇克船。

挥着货币和货物的流动，密切参与所在城市的管理。

然而，这两个海域之间存在显著差异。波罗的海贸易从未达到地中海地区贸易的复杂程度和完美程度，那里的意大利主要城市拥有极其完善的会计和金融体系。此外，北欧实现了利益不同的政治和经济力量的平衡。在各自为政、支离破碎的地中海世界中，这种对某些和谐的追求是不可想象的。在南欧，贸易网络只是国家间争夺地区霸权的工具之一。

北方城市之间的贸易以彼此建立的合作为特征。这种互助是强大的地区性传统的一部分，根植于行会运作之中。汉萨同盟，作为一个商人行会，构成了这种商业结构的核心。汉萨同盟从一开始就并不包含准确的地理空间，它在本质上是利益共同体的表达。它旨在保障商业活动发展所依赖的特权和权利。然而，随着时间的推移，汉萨同盟在一块地方安定下来。

新城镇

在 12 世纪下半叶，波罗的海周围发展了许多新城镇。城镇的欣欣向荣是皇权、地方寡头和商业精英合作的成果。然而，这种现象并不局限于沿海地区，正如弗莱堡或慕尼黑的成立所表明的那样。但可以肯定的是，它有利于波罗的海的商业交流。斯德丁、格赖夫斯瓦尔德或吕贝克等港口城市的发展就很好地证明了这种殖民热、地区经济和商业流动的重要性。

吕贝克的建立是商业组织创建的起源，这使得在接下来的几个世纪里建立汉萨同盟成为可能。荷尔斯泰因伯爵阿道夫二世（1130—1164）在 1143 年创建了这个贸易站。它在后来落入萨克森公爵狮子亨利（1142—1180）的手中，后者又在 1159 年“重建”了这个贸易市镇，并在随后授予它特许经营权。建在日德兰半岛东海岸的吕贝克从一开始就是位于西海岸的汉堡的镜像城市。这两个城市位于主要贸易路线的通道上，这些用于日耳曼领土和海洋之间运输货物的主要贸易路线穿过易北河。另外，两座城市的港口也位于沿海航行路线上。

随着贸易城镇网络的发展，汉萨激增。我们用的是复数形式（法语原文：hanses），因为好几个城镇从 12 世纪开始就建立了汉萨。这种现象可以用以下事实来解释：商人和批发商逐渐积累了真正的财富，必须获得特权和担保来确保他们的优先地位和货物安全。这些人不得不面对危险海域的危险，在那里海盗猖獗、横行霸道。当时的海上贸易类似于准军事活动。出于这些原因，加入一个可以让当地领主，无论是公爵还是皇帝，听到其成员要求的社区，至关重要。例如，定居在伦敦的科隆商人在 1157 年获得了国王亨利二世授予的特权并得到了庇护。

随着财富的增加和商业力量的提升，商人们影响力与日俱增。在 13 世纪，这一运动愈演愈烈，其他城镇也加入了汉萨。作为北海和波罗的海之间的枢纽，得益于其优越的地理位置，吕贝克的地位变得更加重要。在 13 世纪初（1227 年），它被提升为帝国城市，并扩大了与易北河以西的城市间的贸易。它首先与汉堡签署条约来控制某些捕鱼区域。然后这两个城市把科隆纳入它们的协议里，因为科隆是一个战略要地，它通往莱茵河盆地，能够获得这里的资源。

团结协作

不同城市的商人精英们渐渐意识到了他们能从相互合作中获得好处。他们可以一起更轻松地克服困难，从而获得有效的特许权和保护。能够自保免受海盗掠夺的前景是易北河以东城镇加入汉萨的一个理由。其他城市则是在受到政府授予的商业特许权的强烈吸引下加入了这些汉萨。例如，成为汉萨的一员可以在伦敦港享有特权或在佛兰德享受优惠待遇，或者获得从俄罗斯进口的毛皮价格信息、进入捕鱼区或与盐渍工厂签订合同。很少有城市会拒绝这种有利可图的游戏。

汉萨同盟利用北海和波罗的海沿岸政权不稳和权力分散的现实坐收渔利。同盟给成员城市保证了各个州和地区大国无法提供的保护。因此在整个 12 世纪和 14 世纪的大部分时间，汉萨同盟的影响力与日俱增。多年来，汉萨带来的众多好处吸引了神圣罗马帝国和斯堪的纳维亚以外的主要贸易城市。港口城市并不是唯一加入

汉萨同盟的港口和货物

从13世纪开始，汉萨同盟会集了来自30多个城市的商人——在15世纪达到70多个城市。14世纪前后和14世纪上半叶，欧洲的长途贸易主要通过海运进行。陆路运输需缴纳通行费，这是南方国家的一种常见税种。这条由汉萨城市汉堡和吕贝克于1398年在易北河和特拉维河的支流之间修建的运河，发挥了重要作用，不仅因为它促进了两个城市之间的货物交换，更是因为它通过汉萨同盟领土连接了北海和波罗的海。加工鲱鱼罐头先从桑德海峡的南端开始，接着经过斯卡诺尔，再到法尔斯特博。在夏天来临时，这里会搭起棚屋和摊位，每个汉萨都租用了一块有围栏的地块，主要用来卖咸鲱鱼。卑尔根的汉萨垄断了鳕鱼的分销。14世纪时，木材从瑞典和挪威运到地中海，到了15世纪，又从普鲁士和俄罗斯运到波罗的海的造船厂。

插图 左侧，汉萨同盟的徽章（伦敦博物馆）；右侧，汉萨同盟的贸易路线图。

汉萨的城市。位于通往中欧和南欧主要路线的内陆贸易城镇也加入其中。

从西到东，汉萨合作城市的数量和重要性是显著的。简单地看一眼北欧地图就足以让人相信这些城市与欧洲其他商业中心之间的网络密度。汉萨的影响远远超出了每个成员的影响范围。像坎波城、里昂、马赛、热那亚、威尼斯、克拉科夫或基辅那么遥远

❶ **波罗的海霸权** 从1370年到1470年，汉萨同盟阻止联盟以外的交易在波罗的海沿岸发展。1428年，吕贝克议会在专门讨论商业政策的会议期间，对汉萨成员船厂将船只出售给竞争对手表示遗憾。但汉萨同盟并不禁止这类活动，大多数卖家是吕贝克商人。

❷ **在陆地** 汉萨同盟的权力基于最强城市（吕贝克、不伦瑞克、不来梅、法兰克福、但泽、斯德哥尔摩、科隆……）的资源，以及对违反同盟议会决议的成员予以剔除的威胁。但要剔除最有影响力的成员是不可能的。

❸ **大陆扩张** 这种木材在地中海有很大市场，从瑞典和挪威运到热那亚。15世纪，普鲁士和俄罗斯将其出口到波罗的海的造船厂，并在英格兰和佛兰德斯出售其他用于海军的产品，如焦油、沥青或大麻。

❹ **斯堪尼亚** 由于鲱鱼和用来保存鱼的粗盐，瑞典斯堪尼亚地区的捕鱼船队是欧洲最大的船队。斯堪尼亚船只满载鲱鱼离开海岸，从英国、法国、荷兰、佛兰德斯、葡萄牙和西班牙运回盐。这是汉萨同盟的第一个高利润交易活动。

❺ **卢森堡** 吕讷堡拥有丰富的盐矿资源，盐矿在当地汉萨的经济中发挥了关键作用。它通过运河用寇克船运到吕贝克和汉堡。虽然质量上乘，但价格昂贵，在14世纪被萨克森、英国和法国生产的盐取而代之。

❻ **布鲁日** 1400年前后，从但泽运输谷物到布鲁日，租船费用占货物价值的48%。相比同期，从葡萄牙运输盐到布鲁日，租船费用不超过货物价值的8%。对于低价值商品而言，短途运输的运输成本远高于长途运输。

的城市都能感受到它的影响，也享受汉萨贸易路线提供的服务。

非典型性组织

这个城市联盟变得日益复杂，需要采用更稳固的结构。于是，1356 年，诸汉萨城市以吕贝克为首在这里聚集商讨对策。根据达成的协议，将定期召

一种新的力量：汉萨同盟的主权资产者

北欧商人行会成立于1230年，在50年后转变为城镇联盟。为了支持1280年对布鲁日以及1284年对挪威的封锁，这种发展得到鼓励。布鲁日和挪威当局随后确认并扩大了汉萨的权力。除了贸易垄断，汉萨在北海和波罗的海享有许多特权。他们有自己的保护区域。如果在其影响范围内的一个国家发生法律纠纷，汉萨同盟规则可以适用。在奥斯陆和卑尔根，它们构成了挪威国家内部的真正国家。在瑞典、丹麦和挪威，汉萨商人会提出要求强加给斯堪的纳维亚君主制，法律要求统治者接受汉萨商人的特权。汉萨同盟的权力如此之大，以至于在15世纪，它阻止了三国联盟。来自瑞典、萨克森、波西米亚、巴尔干和西里西亚的铁、铜和锌的贸易，以及以锭的形式出口的英国的锡和铅的贸易，增加了汉萨同盟在14世纪的财富，巩固了它的权力。由于奥格斯堡的汉萨实行的黄金和白银贸易，这是欧洲所有货币的标准，汉萨同盟在15世纪末达到了发展顶峰。

插图 格奥尔格·吉塞（德国商人，伦敦汉萨同盟利益的捍卫者）的肖像，由小汉斯·霍尔拜因于1532年绘制（柏林画廊艺术博物馆）。

开大会来讨论组织的必要调整。汉萨同盟就是这样成立的。在接下来的几十年里，它的影响力辐射到波罗的海其他地区，并吸引了在此之前一直不情愿加盟的城镇，例如哥特兰岛上的维斯比（一个重要的盐渍中心）和诺夫哥罗德（给汉萨同盟打开了通往俄罗斯广阔领土的大门），它所取得的成功毋庸置疑。

尽管如此，汉萨同盟从未成为一个结构有序的组织。它首先作为 100 多个自由城市之间的联系和协同网络发挥作用。然而，汉萨同盟获得的实力不容忽视，这逐渐导致同盟干涉势力范围内的王国的政治事务。

汉萨同盟的外交政策当然是以捍卫其商业利益为中心的。与挪威和丹麦的冲突关系就是一个很好的例子。首先是挪威，当时聚集在维斯马的几个汉萨同盟的城镇同意组织对挪威王国进行封锁，紧张局势在 1284 年达到顶峰。谷物、蔬菜、面粉甚至啤酒都被禁止出口。挪威最终屈服，成为汉萨同盟的势力范围，挪威的卑尔根市（挪威鳕鱼的配送中枢）具有非常重要的影响力。

在丹麦国王瓦尔德马尔四世・阿道戴（1340—1375 年在位）征服瑞典斯堪尼亚和哥特兰岛之后，汉萨与丹麦的关系在 14 世纪 60—70 年代恶化。哥特兰岛上的汉萨同盟城市维斯比遭到掠夺。作为报复，汉萨同盟城市于 1362 年与瑞典和挪威的统治者、石勒苏益格公爵和荷尔斯泰因伯爵结盟。1367 年，汉萨同盟武装了一支作战舰队，占领哥本哈根并收复斯堪尼亚。这次武装行动之后，1370 年的施特拉尔松德条约恢复了汉萨和丹麦之间的旧日平衡。汉萨因此重获在该地区的商业特权并获得了新的特权。

汉萨同盟的危机及其终结

尽管从联盟中获得了优势，但汉萨同盟的黄金时代即将结束。从 1400 年开始，由于国际政治和经济形势日益复杂，合作城市之间建立的团结纽带逐渐破裂。15 世纪中央集权的加强带来了深刻的变化。面对致力于贸易的自由城市模式，如今各国希望直接管理其经济资源。它们采取的保护主义措施胜过给予外国城市的特权。此外，跨大西洋贸易的发展将传统贸易向新的地理区域转移。

吕贝克 吕贝克坐落在特拉维河河畔，是“汉萨同盟的女王”城市，也是波罗的海的第一个德国港口。如今，造船业仍然是该市的主要活动。

这些发展让汉萨同盟失去了存在的理由并加速了它的衰落，尤其是从与美洲建立定期海上联系的那一刻起。即使某些港口直到 18 世纪还保留了一些特权，但汉萨同盟解体并因此逐渐简化为最简单的表达方式，即吕贝克-汉堡两大城市联盟。直到 20 世纪，这两个城市都保留着汉萨同盟城市的称号。

在其辉煌时期，汉萨同盟在其成员城市之外有许多贸易站和殖民地。最重要的在诺夫哥罗德、卑尔根、伦敦和布鲁日等城市。在这些城市中建立的每一个商业机构都是为了满足不同的目标。诺夫哥罗德提供来自中亚的产品，而卑尔根是挪威渔业资源的中心。在伦敦，汉萨同盟的商人获得了重要的特权，甚至拥有了自己的地区——斯蒂尔亚德贸易站。布鲁日是欧洲最大的贸易城市之一。

一般来说，原材料批发贸易沿东西轴线进行，制成品的贸易反向而行。汉萨同盟城镇之间流通着各种各样的消费品：从东部地区进口的野生动物毛皮（例如紫貂或海狸）、蜡、立陶宛森林的木材、俄罗斯平原的谷物、腌鲱鱼、干鳕鱼和斯堪的纳维亚的鱼。西欧工厂生产的各式各样的机织物和产品随后也轻松流入北欧市场。

汉萨同盟显示出重要的政治和军事力量，它的历史首先是一个庞大的经济项目，汇聚了北欧城市商业寡头的共同利益。

新的权力

16世纪初浅浮雕，图为神圣罗马皇帝马克西米利安一世和他的两个妻子勃艮第的玛丽和比安卡·玛丽亚·斯福尔扎（蒂罗尔国家博物馆，因斯布鲁克）。

插图（右侧） 皇帝盾牌纹章（图案：奥地利单头黑鹰和金羊毛骑士团的链子）。马克西米利安一世肖像细部图，丢勒绘于1519年（维也纳艺术史博物馆）。

新纪元

15 世纪下半叶经历了两个重大标志性历史事件：一是奥斯曼帝国在 1453 年征服君士坦丁堡；二是天主教双王在 1492 年攻占格拉纳达。15 世纪下半叶也见证了新的统治王朝的成立：德国的哈布斯堡王朝、英格兰的都铎王朝、法国的瓦卢瓦王朝以及卡斯蒂利亚、阿拉贡和那不勒斯的特拉斯塔马拉王朝。

征服那些集商业、知识和行政活动为一体的城市，对于促进帝国发展和繁荣至关重要。但占领一座城市和重振其经济活动是两件截然不同的事情。1430年，奥斯曼帝国苏丹穆拉德二世在征服塞萨洛尼基期间曾深有体会，而且他知道在做出此类任何举动前都必须做好准备。当苏丹穆罕默德二世决定占领拜占庭帝国首都君士坦丁堡时，这是他必须面临的重要挑战。然而，自 14 世纪以来，奥斯曼就不曾

火药战争：迎着炮火战斗

百年战争期间，以黑火药爆燃为动力的炮弹射击技术得到完善和推广，从而导致大炮的更新换代。在15世纪20年代，不管是围攻战还是对阵战，大炮的使用都促进了新型军事战术的运用。

垄断远东贸易的阿拉伯人将黑火药和火药推进力传入欧洲。自11世纪以来，中国就将黑火药应用于烟花爆竹中。“大炮”（法语：Canon）源自拉丁语canna，意为管子，在14世纪时第一次被用来指定火药武器。最初的大炮由锻铁制作而成，用于防御堡垒或围攻。由于口径、射程和精度有限，这些武器无法与传统火炮（投石器、蝎炮和弩炮）竞争。大约在1360年出现了手动枪械。它们被称为火棍和轻型长炮，在近距离或抵近射击时行之有效。1414年阿拉斯围城战期间，法国国王查理六世的军队首次受到带铅弹的钩铳的攻击。大炮在百年战争的重大战役中，如福尔米尼战役（1450年）和卡斯蒂永战役（1453年）中得到运用，再者，在君士坦丁堡围城战期间，大炮曾系统有序地轰炸近两个月之久（1453年）。

插图 右侧，大炮铸造细密图，绘于15世纪（里卡迪图书馆，佛罗伦萨）；下图，可追溯到1494年的轻型长炮（利兹皇家兵械库）。

停下征服的脚步，占领了小亚细亚和欧洲君士坦丁堡周边众多领土，以此为依靠，大大损害了拜占庭的利益。而拜占庭帝国的实力被大大削弱，领土面积也严重缩水。

君士坦丁堡围城战在1453年4月打响。苏丹穆罕默德二世在城墙下排兵布阵，包括一支由近10万阿德里安堡兵组成的军队和一支由250艘船组成的舰

❶ **从青铜到铁** 青铜器价格昂贵、体重大，又因投射的石头密度低所以口径巨大。大约在1480年，由于钢铁工业的进步，铸铁大炮和炮弹的使用得以减小口径，从而让缩小武器及射弹的尺寸和重量成为可能。

❷ **炮膛** 人们给大炮里面的炮筒命名为炮膛（法语：âme，译者注：该词在法语中还可以表示灵魂之意）。最初的武器是“滑膛炮”。大约在1540年，线膛炮的优势在德国得到肯定。它的螺旋槽使发射的炮弹得以旋转，从而让弹道更加稳定，提高了射程和精确度。

❸ **弹膛** 这是炮筒最靠近射手的一端，是装火药的地方。火药爆炸产生了大量气体，推动炮弹以越来越快的速度从炮筒中射出。炮弹被推向另一端（炮口），以最大的能量射出去。放炮在开口，即火门处进行。

❹ **炮弹** 大约在1480年，射石炮发射了直径为580毫米、重量为260千克的花岗石球体。根据口径不同，阿拉贡风琴炮（15世纪）投射的镀铁铅弹的重量在0.46—1.38千克。1492年，克里斯托弗·哥伦布在加勒比海使用的鹰炮能装载1.5磅（690克）霰弹进行射击。

队。至于拜占庭一方，他们只有 5000—7000 名守军守卫长达 22 公里的城墙。东罗马皇帝君士坦丁十一世很快意识到自己无力抵抗奥斯曼苏丹的攻击。他在绝望中向罗马教皇求助，但即使援军来了也是杯水车薪。一支由乔瓦尼·朱斯蒂尼亚尼·隆戈上尉率领的热那亚特遣队被派去保卫君士坦丁堡的一个主城门。

君士坦丁堡的陷落

君士坦丁堡英勇顽强的防御远远超出了苏丹的预期。他的舰队仍然受到希腊火——几个世纪以来拜占庭用来点燃敌舰的强大武器的威胁。船只巧妙地堵住了港口入口，土耳其人无法入港。奥斯曼巨型青铜大炮向城墙投掷石球，而坚固的城墙经受住了大炮的轰炸。苏丹穆罕默德二世未曾想过会遭遇如此抵抗，他向拜占庭皇帝提出有尊严的投降，并建议他与家人一起离开君士坦丁堡，但君士坦丁十一世拒绝了。

5 月 27 日，奥斯曼军队宣布将于 29 日再次进攻。28 日整整一天，奥斯曼人在城墙下进行准备工作。士兵们对苏丹慷慨激昂的讲话报以热烈欢呼。至于拜占庭皇帝，他意识到决定性的时刻来了，他召集将军们一起前去出席圣索菲亚大教堂举行的弥撒。

奥斯曼军在黎明前进攻。圣罗曼城门所在的西城墙中央有一段城墙最为脆弱，它在长达两个小时内，承受住了奥斯曼军的攻击，胜负还未知晓。尽管镇守城门的将领朱斯蒂尼亚尼英勇抵抗，但他在作战中身负重伤不得不离开城门，奥斯曼近卫军趁机涌入城内。

君士坦丁十一世战斗至生命最后一刻。直到第二天，他的遗体才被发现。君士坦丁堡被洗劫一空，包括热那亚和威尼斯商人在内的许多居民都逃往港口。5 月 29 日晚，苏丹率军攻入拜占庭帝国首都。

真正的困难在这时才开始。和 20 年前他父亲穆拉德攻占塞萨洛尼基的处境一样，穆罕默德二世不得不管理这座刚刚征服的城市。他非常认真地对待这项事业，将其描述为“没有士兵的战争”，而攻陷这座城市，用他自己的话来说，只是一场“小型战争”。

穆罕默德二世将打家劫舍和非法侵占的贼人驱逐出境，修复战斗中倒塌的城墙，并对堡垒进行了现代化改造。君士坦丁堡从此开启了一个新时代，它曾是罗马帝国长达 1000 年的首都，后来又曾是拜占庭帝国的首都，如今以伊斯坦布尔的名义成为奥斯曼帝国的首都。

城市和君主

15 世纪下半叶的欧洲横跨两个时代，是一个不断建设的空间。城镇发展和公共权力决定了经济、文化和日趋复杂的政治演变的节奏。无论是在经济领域还是在新文化传播方面，城市和更加密集的城市网络都在其中发挥了关键作用。大城市的兴起主要归功于城市精英，他们认为赞助是一种社会特征，慷慨是一种公共行为。君主政府统治城市或城市群，在政治体系中占主导地位。它治理国家并决定社会生活，要么与加冕的君主保持固有的差别，要么与意大利典型的城市领主类似。无论是哪一种情况，它都扮演着决定性的角色。

欧洲社会的这种双重概念（城市精英和政治权威）在勃艮第的表现最为生动。勃艮第公国将弗拉芒城镇的繁荣与以勇敢的菲利普二世和其后代为代表的勃艮第瓦卢瓦家族的统治联系在一起，在欧洲政治和文化棋盘上占据中心位置。勃艮第文化有着让侠义精神顺应时势的能力，在它的文化和这一能力的所有表达中，金羊毛骑士团在当时的国际联盟中发挥了重要作用。

勃艮第公爵菲利普三世（1419—1467 年在位）在与葡萄牙的伊莎贝拉大婚期间，参照当时现存的骑士团，如嘉德勋章骑士团，在布鲁日创建了金羊毛骑士团。嘉德勋章骑士团由英格兰国王爱德华三世于 1348 年创立。像君主们创建的大多数骑士团一样，金羊毛骑士团遵循皇家骑士团的模式。它和其他骑士团一样都具有骑士精神，成员数量有限，有详细的规章制度，有明确的格言和勋章（金羊毛骑士团的勋章式样是一条镶有珐琅的金色圈链，由相互交织的链环和一个绵羊状垂饰组成）。久而久之，骑士团就成为侠义精神的体现。

勃艮第公爵在欧洲舞台上扮演着重要角色，这让金羊毛骑士团成为一些政治联盟用来削弱法国并在地中海寻求出路的重要枢纽。从这个意义上说，勃艮第公爵好人菲利普（三世）和阿拉贡国王宽宏的阿方索之间的关系显得尤为重要。阿拉贡君主是第一位受邀加入勃艮第骑士团的欧洲君主，这揭示了两个家族间的紧密关系。授予阿方索五世金羊毛骑士勋章，远征奥斯曼帝国的十字军东征计划以及对法

好人菲利普与金羊毛骑士团

勃艮第公爵好人菲利普在父亲无畏的约翰暗杀而亡后（1419 年）被法国驱逐，他与英国结盟，并在 1420 年与英格兰的亨利五世签署了特鲁瓦条约。该协议规定在查理六世去世后将由亨利五世继承法国王位。王太子查理不得不撤退到法兰西王国的中南部。

1430年，在与葡萄牙的伊莎贝拉成婚期间，勃艮第菲利普三世创建了金羊毛骑士团。骑士团会集了来自欧洲不同领土和国家的贵族，他们有着在国际舞台上孤立法国的共同愿望。骑士团在后来调整目标，以采用军事行动阻止奥斯曼帝国进攻和拯救日益受到威胁的君士坦丁堡为己任。在马克西米利安皇帝与勃艮第公国的女继承人玛丽结婚后，骑士团的一些成员如那不勒斯和阿拉贡国王宽宏的阿方索以及哈布斯堡王朝的主要成员都继续追求这些目标。

插图 戴金羊毛勋章的好人菲利普三世的肖像，罗希尔·范德魏登绘于1445年（第戎美术博物馆）。

的共同政策，都有助于巩固双方的合作。他们的这种团结一致在继任者们之间延续下来，并在两个家族联姻时达到顶峰。

路易十一和大胆查理

法国路易十一（1461—1483 年在位）的统治代表了欧洲政治史的新转变。他是查理七世之子，绰号“万能蜘蛛”，他将他的网织在任何对自己有利或者妨碍敌人利益的地方。这位国王狡猾精明，在他任内，玩弄阴谋手段成为国际政治的核心，并成为各国参与政治游戏、把对手拉下王位的利器。

甚至在登上法国王位之前，王太子路易就展示了他的野心和才华。1436 年，年仅 13 岁的他被父亲任命为朗格多克长官，继续推动王国绥靖事务。1440 年回到宫廷后，他参加了贵族反对国王的布拉格里叛乱。这个越轨行为标志着查理七世和其子路易之间关系势同水火的开始。1456 年 8 月，王太子离开法国，在勃艮第公爵好人菲利普的宫廷找到庇护。他在那里待了 5 年，直到 1461 年登上法国王位。

加冕为法国国王的路易十一继续他父亲的高压政策。他希望制服大领主并扩大王国领土，这导致他与贵族，尤其是与勃艮第公爵好人菲利普之子大胆查理的冲突不断。勃艮第公爵加入公益联盟——国王弟弟贝里公爵查理领导的、抵制国王加强王权的贵族联盟——标志着双方冲突的开始。

勃艮第和法国之间的战争持续了 12 年，并在沃尔特・斯科特的《昆丁・达沃德》等历史小说中得到永生。这场战争促进了现代欧洲王国边界的确定。在这期间，战场并不固定，而是根据削弱对手力量、给予对手打击的需要随时移动，甚至转移到国外。例如，它在玫瑰战争的最后时期直接卷入英国内政，又或者它间接干预了阿拉贡国王胡安二世和加泰罗尼亚政府（1462—1472）之间巨大的争端。

从地理角度来看，战斗发生在法国-勃艮第的大部分领土上。1465 年，大胆查理围攻巴黎，随后收复了滨海布洛涅和皮卡第。1468 年，即在继承亡父勃艮第公国一年后，他镇压了路易十一煽动的列日叛乱。与此同时，法国国王将香槟和布里割让给他。

博讷主宫医院

好人菲利普三世鼓励他的朝臣雇用经常光顾宫廷的艺术家，尤其是弗拉芒大师。因此，当他的掌玺大臣尼古拉·罗林于1443年创建博讷主宫医院时，他委托罗希尔·范德魏登创作了一个代表末日审判的大型祭坛画。这座临终关怀机构是勃艮第公国的慈善机构之一，也是法国最美哥特式风格建筑之一。

勃艮第公爵还想将神圣罗马帝国的领土纳入统治范围：他梦想收复前洛塔林吉亚，改公国为王国，以地中海发展市场销路。为此，他采用新型军事战术，依赖正规骑兵连和大型火炮库。

路易十一的死敌大胆查理在1477年围攻南锡时意外去世，这似乎标志着路易十一的胜利。但这样的机会只有一次，法国国王缺乏远见，没有预料到勃艮第家族会采取回击。由于大胆查理的女儿勃艮第的玛丽与皇帝腓特烈三世的儿子哈布斯堡的马克西米利安一世联姻，所以尽管勃艮第公国在丧失领土后实力大为削弱，但还是摆脱了法兰西王室的霸权。

意大利领土

1454年4月4日，米兰公国和威尼斯共和国在洛迪匆忙签署了和平条约。这两个意大利大国有很多理由结束双方持续多年的战争。米兰公国的发展蒸蒸日上，在法国国王路易十一以维斯孔蒂和瓦卢瓦两大家族关系的名义大力声称他对公国的权力之前，米兰公爵弗朗切斯科·斯福尔扎希望不惜一切代价巩固他在米兰的统治权。而就威尼斯而言，它希望尽快结束在意大利的冲突，因为土耳其人占领了君士坦丁堡，对其贸易站构成了威胁，这让他们忧心忡忡。

面对来自东北部的法国和东南部的土耳其的双重威胁，意大利诸大国组成意大利联盟。其成员不仅有斯福尔扎统治的米兰公国，在联盟发展巅峰期间时，还有威尼斯共和国、美第奇家族统治的佛罗伦萨共和国、那不勒斯王国和由众多城镇和小封建公国组成的教宗国。

然而，一些阴谋导致这个共同防御协议走向失败。因此，为了支持侄子吉罗拉莫·里亚里奥的主张，教皇西克斯图斯四世支持佛罗伦萨反抗美第奇家族的帕齐阴谋。此外，威尼斯和那不勒斯王国罗马教廷间爆发了费拉拉战争。最后，在法国国王的支持下，那不勒斯上演着贵族反抗国王费尔南多一世统治一幕。

狡猾的科西莫是美第奇王朝的创始人，他想要将佛罗伦萨改革成现代雅典。理论上，这座城市有一个名义上的民主制度。实际上，它由公民第一人，也就是绰号为国父（拉丁文：Pater patriae）的人统治。但是佛罗伦萨第一人科西莫的光环在其孙子洛伦佐·德·美第奇（1449—1492）的对比下相形见绌，后者被称为“伟大的洛伦佐”，更为人所知。

由于家族银行积累了巨额财富，洛伦佐·德·美第奇是一位积极的赞助人，佛罗伦萨成为艺术和文学之城。他从他的母亲卢克莱西亚·图拉布尼那里继承了这种对文学艺术的热情。这位品位高雅的写诗女性，是路易吉·普尔奇和安吉洛·波利齐亚诺等伟大作家的朋友。

扬·范艾克，勃艮第公国的画家

扬·范艾克可能是15世纪最具影响力和创新性的画家。虽然同时代有其他诸如罗希尔·范德魏登、弗莱马勒大师罗伯特·坎平等，扬·范艾克还是脱颖而出，他的作品本身就代表了一个时代和一种艺术风格。扬·范艾克将英国哲学家和神学家奥卡姆的威廉提出的现实感知原则应用于绘画。他努力用现实主义来描绘人物和物体，以赋予它们概念和寓言意义。像他这一代的其他画家一样，他一丝不苟地再现了他周围的风景。它们出现在他画作的背景中，就像这幅绘于1435年的木版油画《圣母与罗林大臣》中一样，描绘了柱廊之外的河流景观（卢浮宫博物馆，巴黎）。

插图　《包着红头巾的男子》，这幅油画由扬·范艾克创作于1433年，是一幅自画像（英国国家美术馆，伦敦）。

❶ 尼古拉·罗林　菲利普的掌玺大臣是勃艮第公国的第二重要人物。由于身居高位和通过职务之便获得的优势，他积累了巨额财富。

❷ 圣母和圣婴　圣母把圣婴抱在膝盖上。他们身着宽大的红袍，镶着饰有珍珠和宝石的饰带，这让他们原就有的庄严感愈加浓厚。

❸ 景观　河穿过，细致背景景观强世与神圣之立：左边是臣罗林；右母和圣婴。

架构　拱形凉
的入口前面有
人，反映了弗
兰画家用来描
的约场景的经
布局。

❺物品　圣婴拿着一个架着金球的十字架。圣母的目光投向了这个预兆着圣婴死亡的物品。王冠、书籍和织物的描绘展示了范艾克的精湛画技。

❻肖像　尼古拉·罗林这个人物在他的笔下呼之欲出，他茫然凝望，视线不再追逐圣母和圣婴，圣母和圣婴也不看他。他似乎在凝望心中幻象。

佛兰德和勃艮第

扬·范艾克是西欧首批在作品上签名的艺术家之一，他于1390年左右出生，出生地可能是马泽克，并于1441年7月9日在布鲁日去世。他的第一件作品可以追溯到1417年至1422年。不久之后他来到海牙，在这里成为荷兰和泽兰伯爵巴伐利亚约翰三世的宫廷画家和贴身男仆。1425年约翰三世去世后，他与同为画家的兄长许贝特·范艾克一起回到佛兰德。之后，他一直在勃艮第公爵好人菲利普麾下同一个职位工作，拿着固定年薪，直至去世。从1426年至1431年，他在瓦伦西亚阿拉贡的阿方索五世的朝廷执行“秘密”外交任务，为好人菲利普与乌赫尔公主伊莎贝拉的联姻牵线搭桥。后来，他提议葡萄牙若望一世将他的女儿嫁给勃艮第公爵。他在这时期画了公主的肖像，这幅作品现已失传，只剩下一张炭画副本。在这幅画里，年轻女子的表情和达·芬奇的蒙娜丽莎的表情一样。范艾克于1432年搬到布鲁日，结婚并育有两个孩子。勃艮第公国的档案表明，在他生命的最后几年，他执行了勃艮第菲利普策划的奥斯曼十字军东征有关的军事情报任务。为此，他隐姓埋名前往敌方领土绘制地图和作战平面图。

插图　老布鲁日及其运河景观。

斯福尔扎家族，一个短暂的米兰王朝

米兰公爵菲利波·玛丽亚·维斯孔蒂于1447年8月3日去世，除了一个女儿比安卡·玛丽亚外，没有留下其他子嗣。米兰贵族奋起反抗维斯孔蒂家族的统治，并于次日宣布成立安布罗西亚共和国。在1450年参议院将米兰公爵授予比安卡·玛丽亚的丈夫弗朗切斯科·斯福尔扎之前，米兰一直由这种集体权力领导。斯福尔扎家族创立于15世纪初，以军火事业起家。

弗朗切斯科·斯福尔扎将米兰公国掌玺大臣一职授予法学家，改善公国的军事和金融组织。封建城镇仍掌握在全权总督们手中。和美第奇家族一样，斯福尔扎家族也用艺术来展现他们的辉煌。加莱亚佐于1466年继承父亲爵位，他与萨伏伊的博娜的婚礼游行花费了20万金币，在1476年遭暗杀身亡。斯福尔扎家族的宫廷会集了工程师、法学家和众多艺术家，是意大利文艺复兴最辉煌的时期之一。但斯福尔扎家族的王朝未能长久。因为1499年，法国人推翻了卢多维科的统治，他是弗朗切斯科第五子，在其兄死后继承爵位。米兰随后落入哈布斯堡王朝手中。

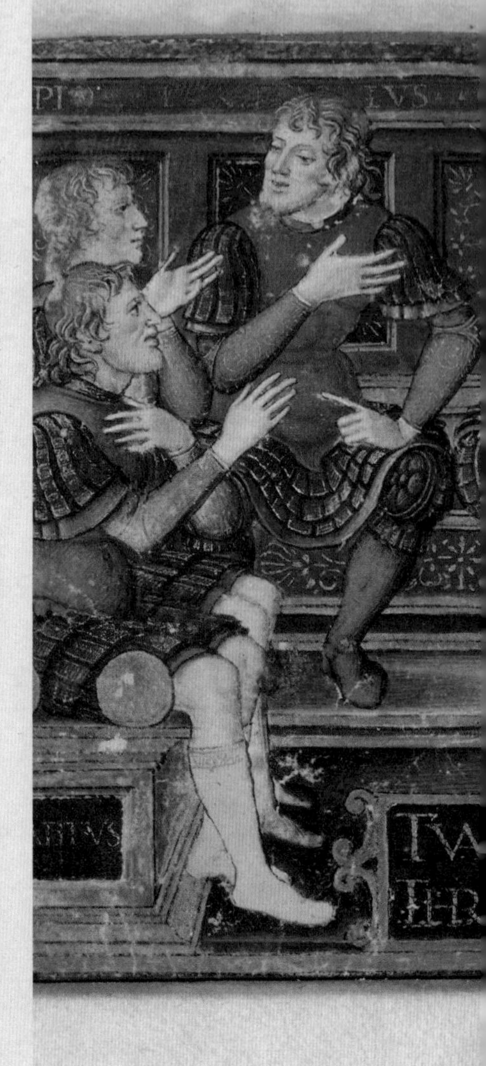

插图 右侧：弗朗切斯科·斯福尔扎和他的上尉们（乌菲齐美术馆，佛罗伦萨）。左侧：巴缇丝塔·斯福尔扎的半身像，她是乌尔比诺公爵夫人，是弗朗切斯科的侄女和费德里科·达·蒙特费尔特罗的妻子（巴杰罗美术馆，佛罗伦萨）。

以伟大的洛伦佐大帝为代表的君主重视文化和艺术的模式，后来也在没有签订《洛迪和约》的意大利小国推广开来。虽然他们的政策从属于各自的盟友，但这些君主却和保护国君主一样出名。其中包括曼托瓦的贡扎加家族、费拉拉公爵、里米尼的马拉泰斯塔家族、博洛尼亚的本蒂沃利奥家族、乌尔比诺的蒙特费尔特罗，以及来自热那亚共和国或卢卡共和国的其他众多贵族。

东方问题

1453 年，随着君士坦丁堡的陷落，东方问题的性质发生了变化。几个世纪以来，整个欧洲东南部不再信仰基督教。1459 年，塞尔维亚成为土耳其的一个省，1462 年，经历过兴衰起伏的瓦拉几亚也紧随其后。土耳其的统治扩展到波斯尼亚、黑塞哥维那和黑山，从而达到亚得里亚海沿岸。只有阿尔巴尼亚抵抗住了土耳其的入侵，乔治·卡斯特里奥蒂（被土耳其人称为斯坎德培，即“阿尔巴尼亚的亚历山大大帝”）设法保持了其父亲统治的阿尔巴尼亚公国的自治权。

在奥斯曼帝国征服初期，阿尔巴尼亚不得不投降，乔治·卡斯特里奥蒂被作为人质送往苏丹的宫殿。他在那里接受了穆斯林文化的教育，并成为奥斯曼帝国的一名行政人员。但在1443年，他揭竿而起并击败了奥斯曼军队，奥斯曼帝国曾多次考虑授予他阿尔巴尼亚亲王头衔并承认其领土的独立性。拜占庭帝国残余的伯罗奔尼撒半岛和雅典公国的城市也在这一时期落入奥斯曼帝国的手中。

1462年，奥斯曼帝国占领了爱琴海最重要的岛屿莱斯沃斯岛。征服拜占庭帝国残留的所有领土似乎指日可待。于是，伟大的人文主义教皇庇护二世决定进行干预。次年，为了收复君士坦丁堡并将奥斯曼帝国驱逐出拜占庭，他准备了一次十字军东征。这场旷日持久的战争耗费巨大，取得的结果却微乎其乎。1479年，威尼斯人被迫将他们在摩里亚半岛（伯罗奔尼撒半岛）的大量财产献给苏丹。

然而，巴尔干战争掩盖了穆罕默德二世的真实意图，他的目的是统治拜占庭帝国掌握的亚洲部分。1462年，位于黑海南岸的基督教王国特拉比松投降，1473年，奥斯曼帝国占领了小亚细亚的卡拉曼地区。自1309年以来，耶路撒冷圣约翰骑士团一直统治的罗得岛是地中海东部唯一一个抵抗奥斯曼帝国的岛屿。1480年围城战中，敌人发射了多达3500发的炮弹，罗得岛经受住了敌人3500发炮弹的攻击。7月28日，当奥斯曼人发起猛攻，并且在被摧毁的城墙上举起旗帜时，肉搏战开始了。几个小时后，奥斯曼人不得不鸣金收兵。

罗得岛的防御使东方事务（拉丁语：Res Orientalis，当时用来表达致力于东方关系的外交）焕然一新。1481年苏丹穆罕默德二世去世也带来如此变化。由于他的两个儿子兄弟阋墙，被打压的基督教文明在奥斯曼帝国的领土上终于重新抬头。

英格兰的都铎王朝

从 1483 年 4 月 9 日（爱德华四世去世）到 1485 年 8 月 22 日（博斯沃思原野战役，都铎王朝亨利七世的军队大败理查三世的军队）是英格兰王位的决定性时期。由兰开斯特家族和约克家族推动的玫瑰战争即将结束。这 30 多年间的英格兰历史，是不断内战的历史，在最后一次动荡和混乱时期结束后，内战也随之结束。

爱德华四世去世为王位继承提供了多种不可协调的可能性，也为血腥的权力斗争开辟了道路。1483 年，王位继承人爱德华五世还不到 12 岁。他的母族伍德维尔家族受制于传统权力圈子，其他候选人得以出现。在伍德维尔反对者的施压下，年轻君主的叔叔格洛斯特的理查被任命为护国公。

当理查将他的两个侄子（爱德华和年仅 9 岁的约克公爵理查德）锁在伦敦塔并自封为国王时，冲突爆发了。旧日的党派之争再次抬头：格洛斯特的理查代表约克家族的利益，而兰开斯特家族支持在布列塔尼避难的年轻的亨利·都铎。亨利·都铎的母亲是兰开斯特公爵冈特的约翰的后裔，因此也是爱德华三世国王的后裔，亨利·都铎主张他对英格兰王国的继承权，但在 1483 年 6 月 6 日，理查以理查三世的名义加冕为英格兰国王。

两位年轻王子遇刺而亡的谣言四起，理查三世这时也在博斯沃思原野战役中被他的对手亨利·都铎打败并杀死。对于博斯沃思战役的获胜者来说，通往权力道路的障碍已被清除干净。以亨利七世的名义加冕后，他小心翼翼地将兰开斯特家族和约克家族这两个家族的利益团结在身边。为了结束阴谋并加强合法性，他娶了已故国王爱德华四世的长女伊丽莎白，她也是他的政敌在理查三世死后最后的希望。这场由亨利和伊丽莎白双方母亲缔结的婚姻将两个敌对的家庭联合在一起，组成了一个新的王朝——都铎王朝。但是，在处心积虑登上王位后，亨利七世将潜在的王位觊觎者一一处决，揭露了这位英国新君主最阴暗的一面。

在财政和经济上，亨利七世制定合理的税收制度。他还将战死的贵族和理查

都铎王朝血缘谱系

约1240年

埃德纳韦德·沃汉创立了都铎王朝谱系 他是格温内斯王国（威尔士）的王室总管，在卢埃林大帝麾下效劳。

约1431年

欧文·都铎与亨利五世的遗孀瓦卢瓦的凯瑟琳秘密结婚 从而实现家族与贵族的联盟。

1457年

都铎王朝的创始人亨利·都铎出生 他是埃德蒙·都铎（瓦卢瓦的凯瑟琳之子）和玛格丽特·博福特之子。

1487年

亨利在斯托克战役大败约克家族的王位觊觎者 后者从都柏林回来后以爱德华六世的名义加冕为国王。

1496年

经济扩张 亨利与英国羊毛欧洲主要出口国荷兰签署商业协议。

1499年

亨利在博斯沃思原野战役大败并杀死了理查三世 以亨利七世的名义成为英格兰国王。

伦敦塔和理查三世

曾作为皇宫、军械库、堡垒和监狱的伦敦塔在征服者威廉任内建成。在都铎王朝时期，这里成为血腥处决的场地。

在众多围绕伦敦塔凄惨传说的悲剧中，有一场以格洛斯特公爵为主角。他利用自己身为爱德华五世国王叔叔和护国公的身份，将爱德华五世和他的弟弟一起关在塔里，用作人质后又将他们杀害。1483年，他以理查三世的名义即位。他致力于重振皇室权威。然而，格洛斯特家族的统治很短暂，唯一的男性继承人于1484年去世。1485年，亨利·都铎登陆米尔福德港，以兰开斯特家族继承人的身份要求继承英国王位。在玫瑰战争的倒数第二场战役——博斯沃思原野战役中，理查三世战死沙场。他头戴王冠来到战场，高喊着“叛国罪！叛国罪”冲向亨利·都铎的先锋队。在他死后，一个新的王朝——都铎王朝继承了英格兰的王位。

三世同谋们的领土和财产纳入皇家产业。为了增加国王相对议会的独立性和回旋余地，亨利七世想为君主制提供经济财源。在外交政策问题上，他行事谨慎，这也符合新加冕君主的处境。尽管法兰西之前支持他继承英格兰王位，但他一上台就采取了一项针对法国利益的消耗政策，而不是直接与法国交锋。最重要的是，通过联姻，他知道如何将自己的新王朝和其他王朝建立战略联系，特别是将其两个儿子先后与天主教双王之女阿拉贡的凯瑟琳联姻，又将他的女儿玛格丽特嫁与苏格兰的詹姆斯四世。

苏格兰和斯图亚特

斯图亚特王朝在1437年詹姆斯一世去世后开始巩固政权。当时，詹姆斯一世之子詹姆斯二世（当时尚未成年）由威廉·克莱顿和亚历山大·利文斯顿监护。在1450年成年后，这位年轻的君主选择依赖他的掌玺大臣同时也是圣安德鲁斯主教的詹姆斯·肯尼迪。

在听从他的建议后，詹姆斯二世加入了兰开斯特公爵阵营，介入了玫瑰战争。詹姆斯二世十分推崇现代火炮，曾在打仗的时候使用大炮。但是，具有讽刺意味的是，在围困苏格兰罗克斯堡城堡（独立战争后

《圣罗马诺之战》
（第202—203页）

1432年，佛罗伦萨大败米兰的盟友锡耶纳。保罗·乌切洛绘制了三幅画描绘这场战斗，后在1484年由洛伦佐·德·美第奇购得。体形巨大的战马、精湛的视角渲染和成群的人物让它实现了与三联画的统一。

插图　三联画中间的一幅，描绘了锡耶纳贝纳迪诺·乌巴尔迪尼上尉摔下战马一幕（乌菲齐美术馆，佛罗伦萨）。

英格兰约克人手中的最后堡垒之一）期间，一座大炮炸膛，在 1460 年 8 月 3 日这一天夺走了他的生命。他的儿子詹姆斯三世（1460—1488 年在位）继位，在肯尼迪主教的掌控下基本沿革了相同的政治路线。面对英格兰国王日益增长的权力，肯尼迪同意双方休战 15 年，以便有时间重组苏格兰王国。

肯尼迪主教于 1465 年去世，国王詹姆斯三世卷入了无休止的宫廷阴谋中，这损害了王国利益和国王权威。为了限制贵族权力，他周围亲信均是平民出身。他首先遭遇到的是博伊德家族策划的阴谋，爱丁堡城堡总督亚历山大爵士也参与其中。之后，国王又遭到胞弟奥尔巴尼公爵和马尔伯爵的反对，他们密谋支持英格兰入侵苏格兰。

1482 年，当英格兰国王爱德华四世准备率军远征苏格兰时，苏格兰贵族们在劳德桥集合，奋起反抗詹姆斯三世并俘虏了他的宠臣。斯图亚特家族的宿敌安格斯·阿奇博尔德·道格拉斯伯爵，绰号"替罪羊"，率先发动了叛乱。1488 年 6 月，与贵族作战的詹姆斯三世在索奇伯恩被残忍杀害，兵败斯特林。他的长子詹姆斯四世继位，而当时苏格兰王权还远远没被承认。

卡斯蒂利亚和阿拉贡

在 15 世纪下半叶，卡斯蒂利亚和阿拉贡的历史走到了一起。一方面是阿拉贡联合王国与加泰罗尼亚政府之间的战争，另一方面是卡斯蒂利亚的王位继承战争，最终以两个王国的联合而告终，这让特拉斯塔马拉王朝统一半岛国家的旧梦变成现实，也让自恩里克国王（特拉斯塔马拉的卡斯蒂利亚国王）和礼貌的佩德罗四世时代起双方制定的联姻战略付诸实施。

1450 年，纳瓦拉国王胡安二世和他的儿子维亚纳亲王卡洛斯之间的不和决定了阿拉贡联合王国的未来，他们的争执超出了纳瓦拉王位继承的冲突范围。他们二人对于权力如何行使的不同看法加剧了加泰罗尼亚政治格局中的分歧。在胡安二世还是阿拉贡王子时，胡安二世就因不断干涉卡斯蒂利亚政务而扬名。1425 年，他成为纳瓦拉国王，但他常常忽视这里的政务，反而更关心他在卡斯蒂利亚的利益以及他在阿拉贡的角色，他是兄长阿方索五世国王的副官，后者正在追逐那不勒斯之梦。

维亚纳亲王于 1461 年因不明原因去世，他父亲的第二任妻子立即变为嫌疑人。这件事引发了多年的冲突。在此期间，胡安二世在其兄阿方索五世去世后成为阿拉贡国王（1458—1479 年在位），与西班牙政府和巴塞罗那贵族代表之间爆发冲突。这场斗争演变为围绕加泰罗尼亚公国的政治合法性以及统治阶级与王室之间权力分配的严重争端。

新参与者的加入无疑是火上浇油，其中有些人并非阿拉贡王国之人，如卡斯蒂利亚的恩里克四世、（乌赫尔的海梅二世的孙子）葡萄牙的佩德罗和安茹的勒内一世，公国理事会支持他们并先后提议他们登上阿拉贡联合王位。他们的介入破坏了阿拉贡的传统国际联盟体系。其他人主要是支持胡安二世的加泰罗尼亚农民，他们成为王国重要的组成部分。

阿拉贡国王在农奴中找到了针对加泰罗尼亚政府不可或缺的盟友。旧加泰罗尼亚时期建立的这种土地奴役和领主虐待制度已经引起了几代人对地主、贵族或神职人员的深切不满。胡安二世采用阿拉贡联合王国的传统路线，支持不满贵族权力的农民，赞同他们起义的要求。在加泰罗尼亚内战期间，他支持农奴运动中最激进的一派。他的支持激化了农奴反对领主的斗争。

卡斯蒂利亚的局势也不曾稳定下来。卡斯蒂利亚国王胡安二世（1406—1454 年在位）去世后，他的两个儿子兄弟阋墙将王位继承变成了一桩错综复杂的家庭事务。胡安二世与阿拉贡的玛丽亚之子恩里克四世加冕后早早便遭到贵族的反对，贵族们支持胡安二世与葡萄牙伊莎贝拉的第二次婚姻所生之子的继位要求。恩里克四世没有儿子，没有合法继承人一事让王位觊觎者看到了更多的希望。

天主教双王入主卡斯蒂利亚，葡萄牙统治大西洋

1476 年 3 月 1 日，卡斯蒂利亚的伊莎贝尔的军队和特拉斯塔马拉的胡安娜的军队在托罗河谷（萨莫拉省）会战，双方分别由阿拉贡的费尔南多二世和胡安娜的丈夫葡萄牙国王阿方索五世指挥。两年后，卡斯蒂利亚和葡萄牙军队再次发生交锋。战斗的胜负决定了在大西洋的霸权。

在托罗，双方派出了8000名士兵在夜间作战。在若望王储的指挥下，葡萄牙军队的左翼部队战胜了卡斯蒂利亚的右翼部队。但若望并不知道自己父亲在中间战场战败，士兵们丢盔弃甲狼狈逃窜。事实上，这两场战斗同时进行，葡萄牙若望王储和费尔南多二世各自赢得一场胜利。虽然托罗战役没有指明谁是胜方，但费尔南多自认取得胜利。而葡萄牙国王试图重建军队时，他向欧洲宫廷吹嘘自己大败费尔南多。先前支持特拉斯塔马拉的胡安娜的卡斯蒂利亚贵族随后投靠了卡斯蒂利亚的伊莎贝尔。伊莎贝尔和费尔南多二世是陆战的胜利者，但葡萄牙在与几内亚海战中获胜，从而确保了大西洋的统治地位。

插图　16世纪金多布朗（西班牙古金币名），币上刻有天主教君主肖像（大英博物馆，伦敦）。

贵族的敌意在 1465 年“阿维拉闹剧”这一插曲中表达得淋漓尽致。在这场上演的闹剧中，托莱多大主教、比列纳侯爵、普拉森西亚伯爵和贝纳文蒂伯爵以及他们的支持者废黜了一个带有亨利四世肖像的傀儡，去掉了他的皇室象征。他们宣布国王同父异母的弟弟，即阿斯图里亚斯君主，当时年仅 14 岁的王子阿方索为国王。这种双重统治一直到王子于 1468 年因不明原因去世才结束。

阿方索王子的逝世改变了局势。叛乱的贵族随后成为阿方索同父同母的妹妹伊莎贝尔的支持者，她也是亨利四世同父异母的妹妹。1468 年，两位竞争对手在托洛斯迪谷逸三都签署和约，伊莎贝尔获得了阿斯图里亚斯公主的头衔，并成为王位的合法继承人。该和约拒绝了亨利四世的女儿胡安娜的继位要求，因为据传她是王后与国王宠臣贝尔特兰·德·拉库伊瓦的私生女，所以她绰号为“贝尔特兰”。但伊莎贝尔与阿拉贡的胡安二世之子，即阿拉贡王位继承人和西西里国王费尔南多的婚姻打破了兄妹之间的和约。

亨利四世对于这一联姻不能听之任之。他抓住机会剥夺了伊莎贝尔的继承权，并指定他的女儿胡安娜为继承人。当国王于 1474 年去世时，两位候选人都不想放弃继承王位。两个阵营之间的战争在所难免，一方是胡安娜和她的丈夫葡萄牙的阿方索五世，另一方是伊莎贝尔和费尔南多，双方都得到了卡斯蒂利亚的一些大贵族的支持。而法国也在幕后努力避免卡斯蒂利亚和阿拉贡形成王朝联盟。

在与法兰西和葡萄牙进行了 4 年艰苦卓绝的战斗之后，费尔南多的军事能力更胜一筹，最终于 1479 年 9 月 4 日签署了《阿尔卡索瓦什和约》。卡斯蒂利亚王国的继承权落到了伊莎贝尔手中。而费尔南多则在 1479 年继父亲胡安二世去世后登上了阿拉贡的王位。伊莎贝尔和费尔南多既是国王又是配偶，通过他们在 1475 年达成的政府协议和签署的《塞哥维亚协定》，卡斯蒂利亚王国和阿拉贡王国实现了联合。1496 年，教皇亚历山大六世授予二人“天主教双王”的称号。

随着征服那不勒斯王国“包围”了法兰西王国，将卡斯蒂利亚的经济和金融资源用来服务阿拉贡的国际野心这一政策很快就取得了成果。阿拉贡联合王国和卡斯蒂利亚王国的国王们在 1492 年占领了最后一个仍由穆斯林控制的城市格拉纳达，完成了在伊比利亚半岛基督教势力对伊斯兰教势力的失地收复。此外，卡斯蒂利亚的伊莎贝尔赞成克里斯托弗·哥伦布的印度远行。至于制度组织，两个王国各自都保留了传统、制度和其他特点，但却从此在同一标准下实现了联合统一。

哈布斯堡的马克西米利安

欧洲人已经了解到，王室联盟可能会破坏既定秩序。王朝国家的世袭权力确实既强大又脆弱，强大在于它保证了权力的连续性，脆弱在于统治受到家族起落和家庭悲剧的影响，而这样的情况在 15 世纪并不少见。兰开斯特家族与约克家族争夺英格兰王位的冲突，特拉斯塔马拉王朝在卡斯蒂利亚和阿拉贡的家族内部斗争，雅盖隆王朝在波兰、匈牙利、波西米亚和立陶宛的不幸遭遇以及法国瓦卢瓦王朝和勃艮第支系之间的冲突从未在欧洲舞台上停止上演。

1477 年，奥地利的马克西米利安与勃艮第的玛丽的联姻对欧洲政治产生了重大影响，这可与 8 年前卡斯蒂利亚的伊莎贝尔和阿拉贡的费尔南多的结合媲美。当勃艮第公爵大胆查理于 1477 年 1 月在南锡去世时，法国国王路易十一曾希望在不遭到反对的情况下获得他死敌的领土。然而，大胆查理的独生女，时为欧洲最富有的女继承人玛丽与德意志民族神圣罗马帝国皇帝腓特烈三世的儿子、皇室继承人马克西米利安的婚姻打乱了他的计划。

虽然路易十一热切希望将勃艮第的领土纳入法兰西王朝的版图，但马克西米利安与玛丽这一联姻将斗争延长了几十年，将瓦卢瓦王朝与勃艮第公国的斗争扩大到了瓦卢瓦王朝与哈布斯堡王朝之间。皮卡第和勃艮第并入法兰西王国，而弗朗什-孔泰和阿图瓦直到 17 世纪都一直处于哈布斯堡王朝的统治下。

1482 年，马克西米利安在妻子去世后直接统治了勃艮第的领土。直到几年后的 1493 年，他才被加冕为皇帝。受在勃艮第公国统治经历的启发，哈布斯堡的马

克西米利安一世随后着手使神圣罗马帝国现代化，尤其是根据沃尔姆斯议会决议，于 1495 年创建了帝国枢密法院（德语：Reichskammergericht，帝国议院，处理帝国所有领土的司法机关）。他越来越依赖德国银行家族，如富格尔家族、威尔瑟家族、霍赫施泰特家族，这些家族借给他巨额资金来资助他执行政策，也给他的统治蒙上了阴影。

唐塞尔墓

这座雪花石墓是西班牙晚期哥特式的瑰宝。它位于锡古恩萨主教座堂的小教堂内，里面装有瓦兹克斯·德·阿塞的遗体，这位卡斯蒂利亚贵族于 1460 年在格拉纳达战争中牺牲。这位侍童（西班牙语：doncel）的胸前放置着被涂成红色的圣地亚哥骑士团十字架。

新银行与帝国银行家

大约在 1450 年，乌尔姆和纽伦堡等德国主要城市出现了专门的信贷和兑换公司，促进了德国金融资本增长。

15世纪，银行业务开始普及，利息贷款和汇票如雨后春笋般涌现。最初从事农业食品和渔业部门融资活动的德国银行，在15世纪的头几十年发生了根本性的变化。波西米亚边境发现的大量银矿和放款人从事矿产品交易是富格尔家族、威尔瑟家族、瑞林格尔家族、霍赫施泰特家族等新兴崛起银行家族财富的起源。君主制对金融业的崛起并不陌生。西吉斯蒙德皇帝在1487年向雅各布·富格尔请求贷款23600弗罗林，次年增加到150000弗罗林。当他在1490年退位时，他的继任者马克西米利安一世继承了这笔贷款，后者本人在借贷上更是有过之无不及。

插图 高利贷者，康坦·马赛斯的布面油画（多利亚·潘菲丽美术馆，罗马）。

债务的螺旋式增长极大地阻碍了几代哈布斯堡王朝的行动自由，也与法国和奥斯曼帝国陷入无休止的争斗。

1500 年，马克西米利安一世的联姻政策随着他的孙子查理（未来的查理五世）的出生而发挥了全部意义。这个年轻人通过他的父亲美男子费利佩继承了神圣罗马帝国和勃艮第公国。另外，他的母亲卡斯蒂利亚的胡安娜一世是天主教双王

的女儿，他因此获得了卡斯蒂利亚、阿拉贡、纳瓦拉、西西里和那不勒斯的王位，以及在大西洋彼岸新发现的领土——新大陆的预兆。这个联姻对现代欧洲政治的进程产生了举足轻重的影响。

鲍姆加特纳祭坛画

这幅作品是阿尔布雷希特・丢勒受纽伦堡最有权势家族之一的鲍姆加特纳家族兄弟斯蒂芬和卢卡斯委托，于1502年至1504年创作。这一细部图描绘了具有卢卡斯个人特点的圣尤斯塔斯（老绘画陈列馆，慕尼黑）。君主需要填补国库赤字促进了一种新型贷款人的出现。15世纪，实力雄厚的德国银行让神圣罗马帝国为其担保。

档案：意大利城市模式

在11世纪末和13世纪之间，意大利城市采用基于自治、公民意识、自由和纪念过去原则的公社模式。

城市向公社的演变是开放经济的主要结果，它导致意大利商人创建国际商业网络（从黑海延伸到英国）以最大限度获得各式各样的原材料。威尼斯人垄断了与东方的丝绸贸易，出身显赫家族的马可·波罗也来到中国。热那亚人垄断了明矾贸易，明矾是固定织物颜色的重要矿物，唯一的矿床位于小亚细亚海岸的福西

建设城市的领主和他们的被保护人

在意大利城市中行使政治和经济权力的第一批贵族的出身和背景各不相同。他们中的许多人是旅行者、征服者，甚至是亡命之徒。然而，在12世纪初，拥有土地的领主们开始城市基础建设并将他们大部分来自农村的被保护人安置于此。当时，经济持续增长而且这一态势一直持续到13世纪，领主们将这段时期获得的利润投资于城市发展。因此，许多领主建设者和随同的居民都是农村出身。因此，人口最多的新城市拥有大型内部花园。

插图 左侧，皮耶罗·德拉·弗朗切斯卡《理想之城》，绘于1475年（马尔凯国家美术馆，乌尔比诺）。上图，锡耶纳风景图。

亚附近。他们还垄断了黑海沿岸卡法的贸易站的谷类食品贸易。

在东南部，威尼斯人专门从事香料贸易，特别是胡椒、丁香和其他用于腌制的调味品。来自马赛、巴塞罗那和热那亚的商人在埃及的亚历山大市建立了他们的社区。在地中海的另一端，大西洋的海格力斯之柱（直布罗陀）西南，热那亚人控制了来自中非的黄金贸易以及产于阿特拉斯南部和伊比利亚半岛的平原的美利奴羊毛贸易。

写作的力量

作为罗马法的继承人，中世纪的意大利城邦倾向于设置为个人和国家服务所必需的抄写人、法学家和公证人，这些都是为个人和国家服务所必需的。

插图 《大使的离开》描绘抄写员的细部图，维托雷·卡帕齐奥绘于1495年（学院美术馆，威尼斯）。

意大利大城市的形成

1183年，佛罗伦萨被皇帝腓特烈一世巴巴罗萨承认为自治城市。城市议会每4年会在圣雷帕拉达大教堂举行。而行政权则掌握在一个由12名执政官组成的行政团体手中，这些执政官是从军人团体（拉丁语：societas militum，因为其成员是士兵）以及商人和工匠团体（拉丁语：societas mercatorum）中选出的。他们的任期是两个月。1172年至1175年，这里修筑了一座新城墙。它长达4.5千米，囊括了阿尔诺河左岸地区和城墙外发展起来的许多郊区。1200年左右，城市人口达到50000人。贸易商的财富主要来自织物染色。佛罗伦萨从东方进口明矾和颜料，给从佛兰德和法国购买的织物染色。工匠大师、运输商和批发商大多以贷款形式将利润投资于金融。

插图 1470年佛罗伦萨风景图，弗朗切斯科•罗塞利所绘。

新公民 壁画《天使报喜》细部图，多米尼哥 • 基兰达奥于 1486 年所作。所绘人物是人文主义者安杰洛 • 安布罗吉尼、克里斯多福罗 • 兰迪诺、马尔西利奥 • 费奇诺和詹蒂莱 • 德 • 贝西（新圣母大殿，佛罗伦萨）。

❶ **领主广场** 它是中世纪城邦的中心，位于圣母百花圣殿的南边，距离横跨阿尔诺河的老桥仅几米之遥。广场始建于1385年。

❷ **旧宫** 它建于14世纪，在15世纪成为共和国政府所在地。最初称为领主宫（意大利语：Palazzo della Signoria），后来更名为“旧宫”（意大利语：Palazzo Vecchio）。

❸ **圣母百花圣殿** 这座大教堂建于13世纪末，其宏伟程度超过了佛罗伦萨政治和商业对手城市所建教堂。圆顶直径45米，可追溯至15世纪。

❹ **平民郊区** 手工艺人和工人居住在平民郊区。尤其是自13世纪起，依托修建的桥梁，平民郊区沿着阿尔诺河左岸发展壮大。

❺ **新圣母大殿** 由多明我会修士所建，现在看到的大教堂是1279年至1350年扩建后的杰作。其三层大理石大门是佛罗伦萨文艺复兴时期的杰作之一。

❻ **新的城墙** 1336年至1347年，这座城市拥地面积630公顷，有近10万名居民，修筑了一堵长达8.5千米、由63座塔楼保护的城墙。

财富和人口

商业网络的扩张伴随着财富的增加，导致人们从周边农村涌入城市。当其他意大利城市居民超过 2 万人时，威尼斯、佛罗伦萨和热那亚的居民人数已远超 10 万人。如果说，这些数字与如今城市人口数相比可能显得微不足道，那么应该记住，在 11 世纪，基督教统治下的欧洲很少有城市的居民人口超过 1 万人。事实上，13 世纪意大利的城市发展是当时最重要的社会现象之一。

当时意大利人口数位于第一的是大都市米兰，一份关于米兰的当代叙事文件指出，它有 20 万名居民，大致相当于同时期巴黎的人口。这份文件描绘了一个大城市的社会学图景：40000 名公民可以携带武器，12000 户有一套或多套公寓，1000 多家商铺，120 名法学博士，近 200 名医生或外科医生，25 家医院，300 家面包店……这些数据证明了当时居民的“生活质量优质”，所有公民都可以进入市场。

在国际贸易的带动下，米兰人口显著增加，经济蓬勃发展。除此之外，这座城市还以其富足、流动和迅速为特征的“生活方式”著称。这些特征是地位不同的男女所共有的：教士、贵族、平民、工匠、商人等。所有人都将资金投入短途或长途贸易：银行、造船、建筑、公债和证券投机等。因为存款被用来发放贷款，货币流通便捷。风险当然很高，但利润也很高。

在这种狂热的气氛中，意大利城市发现了时间因素的重要性。为了记录工作时间以及工作日的价值，主要广场的塔楼都装饰着华丽的机械时钟装饰。正如历史学家雅克·勒高夫所说，这个“商人时间”也被用于商业和银行业，用来衡量商业和金融交易的速度、信贷价格和银行入账。

公证人和批发商

公证人在创建这种城市经济结构中发挥了重要作用。早在 13 世纪下半叶，公证人这一职业就传到了意大利的所有城市，接着传播到其他地中海城市。公证的法律价值有利于存款转化为资本，从而促进货币流通。

为了提高这种以资本为基础的经济的效率，意大利城市开始创造具有资本主义特征的金融工具，例如引入复式记账法、建立支付支票或转账和背书的做法。钱由此以纸的形式流通。因此，来自普拉托（佛罗伦萨附近的一个小镇）的商人弗朗切斯科·达迪尼借助这些银行手段进行了巨额的资本流动。

在 14 世纪的上半叶，在意大利城市定居的商人成为百年战争的主要财政支持者。锡耶纳的银行家将巨额资金从他们的银行转移到伦敦的皇家金库，以资助英格兰国王爱德华三世的军事行动，迪诺·拉庞迪也成为勇敢的菲利普的财务官。

这些金融家一点一点地促进了资金流向各地，他们和原材料批发商共同刺激了城市发展。城市四周筑起了坚固的城墙、船坞能通往吃水较深的港口、修建造船厂。最重要的是，专门用于城市生活的建筑物也拔地而起，这些工程在规模和质量上是空前绝后的。另外还出现了许多二层至四层的楼房、带有奢华庭院和别样楼梯的宫殿、医院、收容所，当然还有富丽堂皇的教堂和主教座堂。

公社和家族

然而，意大利公社精神在统治管理上遭遇难题。归尔甫派和吉伯林派，两个代表不同准则的派别彼此对立。他们在最初受到教宗和神圣罗马帝国权力斗争的启发，分别支持教皇国和神圣罗马帝国。冲突蔓延到意大利所有城市，贵族分为两大阵营。

与此同时，社会需求推动了其他政治派别的出现：生活条件各不相同的人们（意大利语：popolani）聚集在一起，反对旧贵族在城镇建立基于崇拜祖先、价值观和家族标志的传统生活方式。

这些不和导致后来几个世纪的文学中出现了具有普遍意义的人物，例如维罗纳著名的凯普莱特和蒙太古，他们的不和为莎士比亚的《罗密欧与朱丽叶》提供了启发。在对立的城市力量之间寻求平衡被称为“好政府”，人们通过语言的形式来表达这一概念，其中包括安布罗吉奥·洛伦泽蒂为锡耶纳市政厅绘制的著名壁画。

博洛尼亚　博洛尼亚源于伊特鲁里亚文明，在中世纪曾繁荣一时。它的主要建筑群围绕着博洛尼亚主广场而建。

通常，缓和这些紧张关系的过程中会出现真正的暴政，即暂时中止公民集会权利的个人政府。公民生活的基本原则是自由，它与暴政之间关系的教义问题引起了无数的争论，也促进了众多文学作品的诞生。

公证人签署合同，著名诗人发表政治理论著作，如但丁·阿利吉耶里撰写的《论世界帝国》(拉丁语：*De Monarchia*)(1318 年)。像但丁这样的佛罗伦萨人思考这些问题并不令人惊讶，因为在接下来的两个世纪里，权力和自由不同概念的碰撞，把这座城市推向了紧张关系的旋涡。因此，保卫祖国恰好被用来为专制政权辩护。

为公民服务的艺术

在1200年至1500年，意大利艺术提供了真正的公共服务。可容纳3万人的佛罗伦萨圣母百花圣殿（意大利语：Duomo）便诠释了这一功能。它的洗礼堂汇集了伟大的建筑师、画家和雕塑家的作品，他们通过描绘旧约和新约的场景，在给游客展示神圣历史的同时又激起游客的钦佩之意。洗礼盆和墓葬也是如此。因此，主教的石棺成为向公众（会集了信徒和公民）展示纪念希腊-拉丁形式的历史浅浮雕和应用新近发现的透视法的借口。文学更具表现力，正如在13世纪至14世纪用罗曼语写成的伟大作品所证明的那样，它是卓越表达公民的方式。但丁·阿利吉耶里用托斯卡纳语撰写政治神学著作。因此，诗歌艺术放弃使用拉丁语，而是以公民的语言表达自己。《新生》和《神曲》语言的现代性使得这些作品仍然是当前意大利语的典范。彼特拉克遵循同样的理念，在《薄雾集》中使用市井白话作为诗歌的一种表达方式。薄伽丘以散文形式写了《十日谈》，这是一部以1348年发生在佛罗伦萨的瘟疫为背景的短篇小说集。这部作品被认为是意大利语叙事艺术的第一个奇迹。

插图 洛伦佐·吉贝蒂尔装饰佛罗伦萨洗礼堂天堂之门的浅浮雕之一（细部图）。

银行家和权力

这家银行，尤其是在美第奇家族的统治下，成为权力的垫脚石。它还可以起到与公社抗衡的作用，例如著名的圣乔治银行（意大利语：Ufficio di San Giorgio），它是热那亚共和国的一个银行，在马基雅维利笔下被描述为“国中国”。权力与银行家之间的这些关系既体现了建立在家族网络上的资本主义的力量，又揭示了其局限性。

有时，一个显赫银行家族的成员会离开意大利并移居国外，他们会在那里建立一个“国中国”，成为与地方当局发生严重冲突的导火索。特别是在纳斯里德王国的首都格拉纳达，由于债权人的权利与埃米尔的权利不平衡，热那亚社区遭到了暴徒的袭击。

类似的事件也在塞维利亚上演，那里热那亚社区的重要成员不仅干预社会生活，还支持贵族在南大西洋的事业。这种援助损害了葡萄牙的利益，他们从1415年起就试图在这些海上航线上建立垄断地位。银行家阿诺菲尼也是如此，他是美第奇银行布鲁日分行的代理人，扬·范艾克在卧室这一私密环境中为他和他的妻子绘制肖像，这让他得以传世。

权力机关

意大利公社拥有与国家相同的政府机构：议会、委员会和行政权力。自由公民的全体大会在主广场举行。在意大利，这些广场几乎总是一侧与大教堂相连，另一侧与市政厅接壤。

关于战争、和平以及制定公民法律的事项以鼓掌方式进行投票。然而，随着城市的发展和市民数量的增加，中央广场变得拥挤不堪。因此，有必要指定公民代表出席逐渐获得影响力的高、低级委员会。代表们会先在拱廊下集合，然后一起进入一个专门为举行委员会设计的房间里，即公社沙龙。

人们通过多样化的投票方式选举参议员，参选者可以是重要家族或城市管理

最高行政官 在13世纪，最高行政官取代执政官成为城市的最高级别行政长官，履行行政、立法和司法职能。

插图 《圭多里齐奥骑马像》，西蒙娜·马蒂尼为锡耶纳市政厅创作的壁画。

机构成员、法学家、法官和其他因其道德价值而受到认可的人士。与议会不同的是，委员会通过不同颜色的球来进行无记名投票。

行政权力最初委托给一个行政官员团体，分别由负责民事、军事、金融和法律事务的行政官行使。他们通过选举上任，任期一年不可续延。这一套系统也适用于热那亚和其他城镇。然而，在其他地方，特别是在保留了拜占庭文化的亚得里亚海地区，会指定一名行政官员首脑。因此在威尼斯，著名的总督便是行政官员首脑。

许多城市还安排了一名最高行政官（意大利语：podestat），统领行政事务。他立于派系之上，既不受大家族的影响也不受权贵商人的压力，他可以在城邦事务中扮演仲裁者的角色，负责监督法律实施。

附　录

1450 年左右的欧洲 224

对照年表：欧洲、亚洲、非洲和美洲 226

王朝列表 228

插图（左侧） 《圣芭芭拉》，出自韦尔祭坛三联画，弗拉芒画家罗伯特·坎平作品（木版油画，1438年，普拉多博物馆，马德里）。

1450年左右的欧洲

挪威王国
卑尔根
克里斯蒂安尼亚
斯塔万格
乌普萨拉
苏格兰王国
爱丁堡
北海
爱尔兰
都柏林
丹麦王国
里伯
哥本哈根
隆德
约克
英格兰王国
大西洋
吕贝克
汉堡
不来梅
阿姆斯特丹
伦敦
普利茅斯
布鲁日
安特卫普
多特蒙德
布拉班特公国
马格德堡
布鲁塞尔
科隆
德意志民族
神圣罗马帝国
卢森堡公国
美因茨
波希米亚王国
巴黎
布拉格
法兰西王国
斯特拉斯堡
雷根斯堡
巴塞尔
巴伐利亚公国
勃艮第公国
慕尼黑
萨尔茨堡
维也纳
奥地利公国
赫尔维蒂
（瑞士）联邦
因斯布鲁克
蒂罗尔伯国
波尔多
里昂
萨伏依公国
米兰公国
纳瓦拉王国
米兰
维也纳
贝阿恩伯国
都灵
曼托瓦城邦
波尔图
布尔戈斯
潘普洛纳
图卢兹
阿维尼翁
热那亚
摩德纳和雷焦公国
博洛尼亚
葡萄牙
马赛
热那亚共和国
费拉拉公国
萨拉戈萨
普罗旺斯伯国
卢卡共和国
佛罗伦萨共和国
威尼斯共和国
阿拉贡王国
加泰罗尼亚亲王国
尼斯伯国
里斯本
马德里
托莱多
巴塞罗那
锡耶纳
教宗国
卡斯蒂利亚联合王国
阿雅克肖
奥尔维耶托
锡耶纳共和国
瓦伦西亚王国
罗马
瓦伦西亚
撒丁岛王国
阿拉贡联合王国
那不勒斯
那不勒斯王国
塞维利亚
马略卡岛的帕尔马
格拉纳达
加的斯
格拉纳达酋长国
奥特朗托
丹吉尔
休达
地中海
巴勒莫
墨西拿
阿尔及尔
瓦赫兰/奥兰
安纳巴
雷焦艾米莉亚
西西里王国
摩洛哥王国
突尼斯
特莱姆森王国
雪城
突尼斯王国
马耳他岛

德意志民族神圣罗马帝国的边界（约1450年）
领地：
哈布斯堡王朝
霍亨索伦王朝
勃艮第王朝
波西米亚王国
威尼斯领土
热那亚领土
诺夫哥罗德大公国
塔林
诺夫哥罗德
普斯科夫
特维尔
莫斯科
梁赞
里加
波洛茨克
斯摩棱斯克
维尔纽斯
莫斯科公国
库尔斯克
平斯克
立陶宛大公国
基辅
亚速
克里米亚汗国
摩尔达维亚公国
卡法
克森尼索
里海
第比利斯
瓦拉几亚大公国
黑海
瓦尔纳
锡诺普
特拉布宗
索非亚
阿德里安堡
君士坦丁堡
奥斯曼帝国
安卡拉
塞萨洛尼基
伊兹密尔
科尼亚
塔尔苏斯
摩苏尔
雅典公国
雅典
阿勒颇
安塔基亚
巴格达
爱琴群岛公国
罗得岛
法马古斯塔
耶路撒冷圣约翰医院骑士团
的黎波里
伊拉克利翁
塞浦路斯王国
大马士革

对照年表：欧洲、亚洲、非洲和美洲

欧洲

1291—1325 年

- 赫尔维蒂（瑞士）联邦成立
- 佛罗伦萨推行正义法规
- 英国爱德华一世模范议会
- 科特赖克战役
- 教廷由罗马迁往阿维尼翁
- 法兰西驱逐犹太人
- 对圣殿骑士的迫害

文化成就：

- 法国（卡昂）第一个公共时钟
- 新艺术（拉丁语：Ars Nova）（音乐）

1326—1360 年

- 百年战争开始
- 法军兵败普瓦捷
- 布勒丁尼条约
- 大型佛罗伦萨银行破产
- 黑死病流行
- 札克雷暴动

文化成就：

- 彼特拉克在罗马获得诗人桂冠
- 布拉格大学成立
- 薄伽丘的《十日谈》

1361—1395 年

- 纳赫拉和蒙铁尔战役
- 布列塔尼独立
- 意大利无政府状态
- 犹太人大屠杀
- 雇佣兵公司成立
- 民众起义：梳毛工、瓦特·泰勒、铅锤党人

文化成就：

- 让·弗鲁瓦萨尔开始编撰《大事记》
- 海德堡大学成立
- 乔叟撰写《坎特伯雷故事集》

亚洲

1291—1325 年

- 维瓦尔第家族印度远航
- 阿卡城陷落和圣地拉丁国家没落
- 加泰罗尼亚雇佣兵团远征东欧
- 天主教北京大主教若望·孟高维诺
- 鲁姆苏丹国灭亡和安纳托利亚诸贝伊国成立
- 奥斯曼帝国首次入侵欧洲
- 拜占庭内战

1326—1360 年

- 出生于丹吉尔的探险家伊本·白图泰来到印度和中国
- 日本镰仓时代终结和室町幕府开设，终于 1573 年
- 中国大饥荒和随后的黑死病瘟疫
- 中国红巾军起义和新朝代明代成立
- 土耳其人首次入侵欧洲

1361—1395 年

- 穆拉德一世统治
- 帖木儿开疆拓土
- 波斯莫扎法尔王朝灭亡
- 穆斯林和印度教帝国间战火不断
- 中国长城扩建
- 柬埔寨首都金边成立
- 朝鲜高丽王朝革命

非洲和美洲

1291—1325 年

- 非洲：热那亚共和国航海家兼商人贝内代托·扎卡里亚在直布罗陀海峡摧毁了摩洛哥舰队
- 西非数个黑人帝国灭亡
- 埃及马穆鲁克苏丹遇刺和权力争夺
- 美洲：阿兹特克文化诞生于中美洲，在 14 世纪达到顶峰

1326—1360 年

- 非洲：出身所罗门王朝的埃塞俄比亚国王（古兹语：négus，尼格斯）安达·塞永一世将权力扩展到南部领土
- 鼠疫大流行传入开罗
- 摩洛哥苏丹下令编写伊本·白图泰游记
- 马林王朝苏丹阿布·哈桑·本·奥斯曼统治摩洛哥北部
- 美洲：阿兹特克文明都城特诺奇蒂特兰

1361—1395 年

- 非洲：马里和埃塞俄比亚的王室埃及马穆鲁克王朝爆发叛乱
- 卡内姆帝国覆灭
- 阿尔及利亚扎亚尼德王朝
- 塞内加尔沃夫洛帝国
- 埃塞俄比亚卡法王国
- 美洲：阿卡马皮奇特力，墨西哥（阿兹特克）帝国的首领
- 修建特诺奇蒂特兰大神庙

1396—1430 年

- 阿赞库尔战役
- 米兰公爵菲利波·玛丽亚·维斯孔蒂
- 圣女贞德的胜利
- 里昂博览会
- 科西莫·德·美第奇再次定居佛罗伦萨
- 康斯坦茨大公会议
- 处决扬·胡斯和胡斯派战争

文化成就：

- 扬·范艾克、卢卡·德拉·罗比亚、菲利波·布鲁内莱斯基、多那太罗、洛伦佐·吉贝尔蒂开展活动

1431—1465 年

- 阿拉贡国王宽宏的阿方索定居那不勒斯
- 弗朗切斯科·斯福尔扎开创家族在米兰的统治
- 德意志民族神圣罗马帝国皇帝腓特烈三世
- 汉萨同盟向荷兰开战
- 矿业发展和经济复苏
- 百年战争结束

文化成就：

- 约翰尼斯·古登堡出产印刷版圣经

1466—1500 年

- 伟大的洛伦佐统治佛罗伦萨
- 天主教双王联姻
- 亨利七世·都铎加冕
- 占领格拉纳达
- 铸造优质硬币
- 西班牙的宗教裁判所
- 喀山的伊凡三世

文化成就：

- 乔瓦尼·皮科·德拉·米兰多拉、桑德罗·波提切利、多梅尼哥·基尔兰达约、汉斯·梅姆林、列奥纳多·达·芬奇开展活动

1396—1430 年

- 奥斯曼苏丹巴耶济德一世占领叙利亚北部
- 帖木儿统治波斯和伊拉克
- 穆拉德二世占领塞萨洛尼基
- 明朝派使者前往印度支那
- 帖木儿军队洗劫德里
- 首尔成均馆大学成立
- 朝鲜混一疆理历代国都之图绘制完成
- 修建北京紫禁城

1431—1465 年

- 穆罕默德二世征服君士坦丁堡
- 郑和远征
- 《乌鲁伯格天文表》出版
- 喀山汗国成立
- 明朝没落，国内起义倍增
- 谚文、韩文字母的创建
- 北京兴建佛寺

1466—1500 年

- 奥斯曼苏丹巴耶济德二世在位时，在地中海与威尼斯交战，在中东对抗波斯
- 中国连续地震
- 弘治成为中国皇帝，其统治被称为“白银时代”
- 瓦斯科·达伽马开始印度探险

1396—1430 年

- 非洲：开罗修建苏丹·哈桑清真寺
- 马林王朝统治摩洛哥
- 刚果王国成立
- 美洲：维奇利维特尔、奇马尔波波卡继阿卡马皮奇特力后先后成为墨西哥帝国首领
- 特诺奇蒂特兰、特斯科科和特拉科潘成立阿兹特克城市联盟；阿兹特克人统治墨西哥谷地

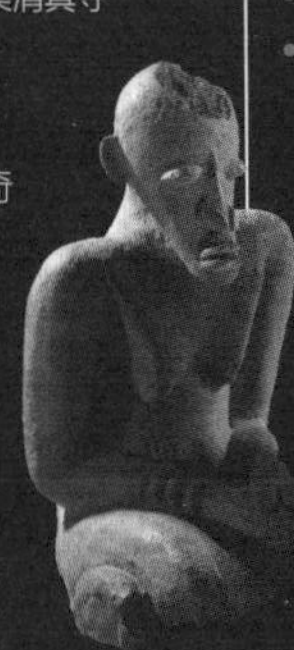

1431—1465 年

- 非洲：埃塞俄比亚国王扎拉·雅各布
- 马里莫西王国
- 第一批非洲奴隶到达欧洲
- 美洲：内萨瓦尔科约特尔被加冕为特斯科科统治者（古典纳瓦尔特语：tlatoani，特拉托阿尼）
- 帕查库特克统治印加帝国
- 蒙特祖玛一世统治阿兹特克帝国
- 玛雅帝国爆发叛乱
- 修建马丘比丘

1466—1500 年

- 非洲：葡萄牙人在加纳开采黄金
- 非斯王国
- 恩济加·恩库武接受葡萄牙人洗礼
- 美洲：巴托洛梅乌·迪亚斯，第一个穿越好望角的欧洲人
- 克里斯托弗·哥伦布抵达美洲
- 托尔德西里亚斯条约：西班牙和葡萄牙共享新大陆

王朝列表

神圣帝国皇帝

卢森堡王朝

亨利七世	1312—1313年
路易四世	1328—1347年
查理四世	1355—1378年
卢森堡的西吉斯蒙德	1433—1437年

哈布斯堡王朝

腓特烈三世	1452—1493年
马克西米利安一世	1493—1519年

英格兰国王

金雀花王朝

爱德华一世	1272—1307年
爱德华二世	1307—1327年
爱德华三世	1327—1377年
理查二世	1377—1399年

兰开斯特王朝

亨利四世	1399—1413年
亨利五世	1413—1422年
亨利六世	1422—1461/1470—1471年

约克王朝

爱德华四世	1461—1470/1471—1483年
爱德华五世	1483年
理查三世	1483—1485年

都铎王朝

亨利七世	1485—1509年

法兰西国王

卡佩王朝

腓力四世	1285—1314年
路易十世	1314—1316年
约翰一世	1316年
腓力五世	1317—1322年
查理四世	1322—1328年

瓦卢瓦王朝

腓力六世	1328—1350年
约翰二世	1350—1364年
查理五世	1364—1380年
查理六世	1380—1422年
查理七世	1422—1461年
路易十一	1461—1483年
查理八世	1483—1498年

匈牙利国王和女王

阿尔帕德王朝

贝拉三世	1172—1196年
伊姆雷	1196—1204年
拉斯洛三世	1204—1205年
安德烈二世	1205—1235年
贝拉四世	1235—1270年
伊什特万五世	1270—1272年
拉斯洛四世	1272—1290年
阿德烈三世	1290—1301年

安茹-西西里王朝

查理一世·罗贝尔	1308—1342年
拉约什一世	1342—1382年
玛丽亚一世	1382—1385年
查理二世	1385—1386年

卢森堡王朝

卢森堡的西吉斯蒙德	1387—1437年

哈布斯堡王朝

阿尔布雷希特二世	1437—1439年
拉斯洛五世	1440/1444—1457年

雅盖隆王朝

乌拉斯洛一世（瓦迪斯瓦夫三世）	1440—1444年

匈雅提王朝

马加什一世·科尔温	1458—1490年

那不勒斯国王和女王

安茹王朝

卡洛二世	1285—1309年
罗贝托一世	1309—1343年
乔万娜一世（与其配偶安茹的安德烈一世共治至1345年）	1343—1382年

安茹-杜拉左王朝

卡洛三世（匈牙利国王查理二世）	1382—1386年
拉迪斯劳一世	1386—1414年
乔万娜二世	1414—1435年
勒内一世	1435—1442年

阿拉贡-特拉斯塔马拉王朝

阿方索一世（阿拉贡国王阿方索五世）	1442—1458年
费尔南多一世	1458—1494年

葡萄牙国王

勃艮第王朝

迪尼什一世	1279—1325年
阿方索四世	1325—1357年
佩德罗一世	1357—1367年
费尔南多一世	1367—1383年

阿维斯王朝

若望一世	1385—1433年
杜阿尔特一世	1433—1438年
阿方索五世	1438—1481年
若望二世	1481—1495年
曼努埃尔一世	1495—1521年

卡斯蒂利亚和莱昂国王和女王

勃艮第王朝

桑乔四世	1284—1295年
费尔南多四世	1295—1312年
阿方索十一世	1312—1350年
佩德罗一世	1350—1369年

特拉斯塔马拉王朝

恩里克二世	1367—1379年
胡安一世	1379—1390年
恩里克三世	1390—1406年
胡安二世	1406—1454年
恩里克四世	1454—1474年
伊莎贝尔一世	1475—1504年

阿拉贡国王

阿拉贡-巴塞罗那王朝

阿方索三世	1285—1291年
海梅二世	1291—1327年
阿方索四世	1327—1336年
佩德罗四世	1336—1387年
胡安一世	1387—1396年
马丁一世	1396—1410年

阿拉贡-特拉斯塔马拉王朝

费尔南多一世	1412—1416年
阿方索五世	1416—1458年
胡安二世	1458—1479年
费尔南多二世	1479—1516年

纳瓦拉国王和女王

卡佩王朝

腓力一世（法兰西国王腓力四世）	1284—1305年
路易一世（法兰西国王路易十世）	1305—1316年
约翰一世	1316年
腓力二世（法兰西国王腓力五世）	1317—1322年
卡洛斯一世（法兰西国王查理四世）	1322—1328年
胡安娜二世	1328—1349年

埃弗勒王朝

腓力三世（和其配偶胡安娜二世）	1328—1343年
卡洛斯二世	1349—1387年
卡洛斯三世	1387—1425年
布兰卡一世（和其配偶阿拉贡的胡安二世共治）	1425—1441年

阿拉贡-特拉斯塔马拉王朝

胡安二世	1425—1479年
莱昂诺尔女王	1479年

富瓦王朝

弗朗西斯科一世·费比斯	1479—1483年
富瓦的卡特琳（和其配偶阿尔布雷特的胡安三世共治）	1483—1512年

阿尔布雷特家族

胡安三世共治（和其配偶富瓦的卡特琳共治）	1484—1512年

图书在版编目（CIP）数据

中世纪的终结/ 美国国家地理学会编著 ; 储春花译. -- 北京 : 现代出版社, 2023.7

（美国国家地理全球史）

ISBN 978-7-5231-0265-7

Ⅰ. ①中… Ⅱ. ①美… ②储… Ⅲ. ①欧洲 - 中世纪史 Ⅳ. ①K503

中国国家版本馆CIP数据核字（2023）第075853号

版权登记号：01-2020-2643

由北京久久梦城文化发展有限公司代理引进

中世纪的终结（美国国家地理全球史）

编 著 者：美国国家地理学会
译　　者：储春花
策划编辑：吴良柱
责任编辑：张　霆　袁子茵
内文排版：北京锦创佳业文化传播有限公司
出版发行：现代出版社
通信地址：北京市安定门外安华里504 号
邮政编码：100011
电　　话：010-64267325　64245264（兼传真）
网　　址：www.1980xd.com
印　　刷：固安兰星球彩色印刷有限公司

开　　本：710mm*1000mm　1/16
印　　张：14.5　　字　　数：225千
版　　次：2023年7月第1版　　印　　次：2023年7月第1次印刷
书　　号：ISBN 978-7-5231-0265-7
定　　价：88.00元